Nasljedstvo Španjolske Kuhinje

Tradicionalni Okusi iz Španjolske za Svaku Kuhinju

Ana Rodriguez

SADRŽAJ

LENCE A LA LIONESA 25
    Sirovina 25
    OBRADA 25
    OKUS 25

KURILA S JABUKAMA 27
    Sirovina 27
    OBRADA 27
    OKUS 28

POCHAS IZ NAVARRE 29
    Sirovina 29
    OBRADA 29
    OKUS 30

LEĆE 31
    Sirovina 31
    OBRADA 31
    OKUS 32

BABMUSAKA SA GLJIVAMA 33
    Sirovina 33
    OBRADA 33
    OKUS 34

POGAČA OD KRUMPIRA 35
    Sirovina 35
    OBRADA 35

OKUS 36

POCHAS SA PROFESIONALNIM ZAVRŠETCIMA 37

    Sirovina 37

    OBRADA 37

    OKUS 38

JASTOG BISK 40

    Sirovina 40

    OBRADA 40

    OKUS 41

MIMI JEZIKA BILJA 42

    Sirovina 42

    OBRADA 42

    OKUS 43

LOKALNA MANDEN LICENCA 44

    Sirovina 44

    OBRADA 44

    OKUS 44

UZIMANJE KRAVE I LOSOSA 45

    Sirovina 45

    OBRADA 45

    OKUS 45

Varivo od artičoka SA ŠAMPINJONIMA I PARMEZANOM 46

    Sirovina 46

    OBRADA 46

    OKUS 47

Marinirani patlidžan 48

- Sirovina 48
- OBRADA 48
- OKUS 48

PRŽENI BABY GRAH SA SERRANO ŠUNKOM 50
- Sirovina 50
- OBRADA 50
- OKUS 50

TRINXAT 51
- Sirovina 51
- OBRADA 51
- OKUS 51

GRATINIRANI BROKULE SA BEKINIMA I AURORA UMAKOM 52
- Sirovina 52
- OBRADA 52
- OKUS 52

BOGOGAN S RAKOVIMA I ŠKOLJKAMA U ZELENOM MORU 53
- Sirovina 53
- OBRADA 53
- OKUS 54

KARAMELIZIRANI LUK 55
- Sirovina 55
- OBRADA 55
- OKUS 55

OBLIKOVANE GLJIVE SA SERRANO ŠUNKOM I PESTO UMAKOM 56
- Sirovina 56

OBRADA 56

OKUS 56

CAULIRO S AJOARRIEROM 57

    Sirovina 57

    OBRADA 57

    OKUS 57

PEČENA CVJETAČA 58

    Sirovina 58

    OBRADA 58

    OKUS 58

DUXELLE 59

    Sirovina 59

    OBRADA 59

    OKUS 59

S DIMLJENIM LOSOSOM I CABRALOM 60

    Sirovina 60

    OBRADA 60

    OKUS 60

LANGOMBARDI SEGOVSKI 61

    Sirovina 61

    OBRADA 61

    OKUS 61

SALATA OD PEČENE PAPRIKE 63

    Sirovina 63

    OBRADA 63

    OKUS 64

FRANCUSKI GRAŠAK 65
   Sirovina 65
   OBRADA... 65
   OKUS 65
KREMIRANI ŠPINAT 66
   Sirovina 66
   OBRADA... 66
   OKUS 66
BEBABAS SA BIJELOM BUTIFARROM 68
   Sirovina 68
   OBRADA... 68
   OKUS 68
MAHUNE SA ŠUNKOM 69
   Sirovina 69
   OBRADA... 69
   OKUS 69
janjetina 70
   Sirovina 70
   OBRADA... 70
   OKUS 71
SLATKI patlidžan S kozjim sirom, medom i curryjem 72
   Sirovina 72
   OBRADA...72
   OKUS 72
TAKA BIJELE ŠPAROGE I DIMLJENI LOSOS 74
   Sirovina 74

OBRADA 74

OKUS 74

PIQUILLO PIQUR PUNJEN MORCILOM SA SLATKOM PENOM 75

    Sirovina 75

    OBRADA 75

    OKUS 75

ARTISTLE S UMAKOM OD BADEMA 76

    Sirovina 76

    OBRADA 76

    OKUS 77

PISTO 78

    Sirovina 78

    OBRADA 78

    OKUS 78

DOTIRAN DRAGOCJENIM OKTOM 79

    Sirovina 79

    OBRADA 79

    OKUS 79

CAUGUE, SLANINA I PRESANI QUICHE 80

    Sirovina 80

    OBRADA 80

    OKUS 81

RAJ U LA PROVENCALI 82

    Sirovina 82

    OBRADA 82

    OKUS 82

PUNJENI LUK 83
   Sirovina 83
   OBRADA 83
   OKUS 83

GLJIVE SA KREMOM OD ORAHA 85
   Sirovina 85
   OBRADA 85
   OKUS 85

TORTA OD RAJČICE-BOSILJKA 86
   Sirovina 86
   OBRADA 86
   OKUS 86

PILEĆI CURRY Tepsija od krumpira 87
   Sirovina 87
   OBRADA 87
   OKUS 88

SLATKO JAJE 89
   Sirovina 89
   OBRADA 89
   OKUS 89

KRUMPIR VAŽNO 90
   Sirovina 90
   OBRADA 90
   OKUS 90

S MOLLETO JAJEM 92
   Sirovina 92

OBRADA 92

OKUS 93

KRUMPIR I BIJELI KRUMPIR 94

    Sirovina 94

    OBRADA 94

    OKUS 95

OMLET OD UPOTREBE COCIDO (DEFEKTNA ODJEĆA) 96

    Sirovina 96

    OBRADA 96

    OKUS 97

Krumpir punjen dimljenom plavom vodom, slaninom i dizanom 97

    Sirovina 97

    OBRADA 97

    OKUS 98

KROKET OD KRUMPIRA I SIRA 98

    Sirovina 98

    OBRADA 98

    OKUS 99

DOBRO PEČENO PEČENO 100

    Sirovina 100

    OBRADA 100

    OKUS 100

FIRENTINSKO JAJE 101

    Sirovina 101

    OBRADA 101

    OKUS 101

KRUMPIRI SA RIBOM SUNČANICE I RAKOVIMA 102
   Sirovina 102
   OBRADA.. 102
   OKUS 103
JAJE U FLAMENCO STILU 104
   Sirovina 104
   OBRADA..104
   OKUS 104
TORTILLA PAISANA 105
   Sirovina 105
   OBRADA..105
   OKUS 106
PEČENO JAJE SA KOBASICOM, SA SENFOM 107
   Sirovina 107
   OBRADA..107
   OKUS 107
OSTALA ZA KRUMPIR U OŽUJKU 108
   Sirovina 108
   OBRADA..108
   OKUS 109
PURRUSALDA.. 110
   Sirovina 110
   OBRADA... 110
   OKUS 110
OTAC 112
   Sirovina 112

OBRADA 112

OKUS 112

Pržene gljive 113

Sirovina 113

OBRADA 113

OKUS 113

JAJA NA PLUTU s inćunima i maslinama 114

Sirovina 114

OBRADA 114

OKUS 115

KRUMPIRE SA ŠPEKOM I PARMEZANOM 115

Sirovina 115

OBRADA 115

OKUS 116

KUHANO JAJE 116

Sirovina 116

OBRADA 116

OKUS 116

NABORANI KRUMPIR 117

Sirovina 117

OBRADA 117

OKUS 117

TUČENO JAJE SA ŠAMPINJONIMA, RAKOVIMA I DIVLJIM ZGLOBICOM 118

Sirovina 118

OBRADA 118

OKUS	119
PRŽENI KRUMPIR SA CHORIZOM I ZELENOM PAPROM	120
Sirovina	120
OBRADA	120
OKUS	120
ALVEGAR Krumpir	121
Sirovina	121
OBRADA	121
OKUS	121
VELIKI VOJVODA BURGRED JAJE	122
Sirovina	122
OBRADA	122
OKUS	122
KRUMPIR s rebricama	124
Sirovina	124
OBRADA	124
OKUS	124
JAJE ZA KRUH	125
Sirovina	125
OBRADA	125
OKUS	126
KRUMPIRI S HESSEL ORAŠIMA	127
Sirovina	127
OBRADA	127
OKUS	127
MOLLET JAJE	128

Sirovina 128
OBRADA 128
OKUS 128
KRUMPIR RIOJANA NA STIL 129
Sirovina 129
OBRADA 129
OKUS 129
KAVA OD KRUMPIRA 131
Sirovina 131
OBRADA 131
OKUS 131
Omlet od rakova s češnjakom 133
Sirovina 133
OBRADA 133
OKUS 133
KRUMPIR NA PARI S IGLICAMA 134
Sirovina 134
OBRADA 134
OKUS 134
PIRE OD KRUMPIRA 135
Sirovina 135
OBRADA 135
OKUS 135
TORTILJA OD GRAHA S MORCILOM 136
Sirovina 136
OBRADA 136

OKUS 136
Spržio ga je 137
    Sirovina 137
    OBRADA 137
    OKUS 137
KRUMPIR NA PARI S ORASIMA 138
    Sirovina 138
    OBRADA 138
    OKUS 138
Omlet od dikobraza 139
    Sirovina 139
    OBRADA 139
    OKUS 139
DIO JAJE 140
    Sirovina 140
    OBRADA 140
    OKUS 140
CRKVA I OMLETA OD RAJČICA 141
    Sirovina 141
    OBRADA 141
    OKUS 141
COD AJOARRIERO 142
    Sirovina 142
    OBRADA 142
    OKUS 142
KAKICA OD ŠERIJA NA PARI 143

Sirovina	143
OBRADA	143
OKUS	143
SVE U PEBRE OD MONDO RIBE SA RAKOVIMA	**144**
Sirovina	144
OBRADA	145
OKUS	145
PEČENI ŠAVOVI	**146**
Sirovina	146
OBRADA	146
OKUS	146
ŠKOLJKE MARINERA	**147**
Sirovina	147
OBRADA	147
OKUS	148
NASTAVI S PILPILOM	**149**
Sirovina	149
OBRADA	149
OKUS	149
PIVSKI ŠIROKI SVEŽANJ	**151**
Sirovina	151
OBRADA	151
OKUS	151
TINTA U TINTU	**152**
Sirovina	152
OBRADA	152

OKUS 152
COD KLUB RANERO 154
    Sirovina 154
    OBRADA 154
    OKUS 155
SUNCE S NARANČOM 156
    Sirovina 156
    OBRADA 156
    OKUS 156
RIOJANA OSLIĆ 158
    Sirovina 158
    OBRADA 158
    OKUS 159
UMAK S UMAKOM OD JAGODA 160
    Sirovina 160
    OBRADA 160
    OKUS 160
MORSKI PISTRAN 161
    Sirovina 161
    OBRADA 161
    OKUS 162
BILBAINE STYLE šivanje 163
    Sirovina 163
    OBRADA 163
    OKUS 163
ŠKAMPI OD KOZICA 164

- Sirovina 164
- OBRADA 164
- OKUS 164
- KONDENZATORI 165
  - Sirovina 165
  - OBRADA 165
  - OKUS 165
- DOURADO COD 167
  - Sirovina 167
  - OBRADA 167
  - OKUS 167
- ASOCIJACIJA BASKIJSKIH RAKOVA 168
  - Sirovina 168
  - OBRADA 168
  - OKUS 169
- U OCTU 170
  - Sirovina 170
  - OBRADA 170
  - OKUS 170
- TRAGOVI IGLE 171
  - Sirovina 171
  - OBRADA 171
  - OKUS 171
- PRAŠAK U ADOBO (BIENMESABE) 172
  - Sirovina 172
  - OBRADA 172

- OKUS 173
- UKLJUČEN CITRUS I TUNA 174
  - Sirovina 174
  - OBRADA 174
  - OKUS 175
- CRAB KIŠNA JAKNA 176
  - Sirovina 176
  - OBRADA 176
  - OKUS 176
- DVOSTRUKA FLANŽA SA BOSILJKOM 177
  - Sirovina 177
  - OBRADA 177
  - OKUS 177
- SOLE A LA MENIER 178
  - Sirovina 178
  - OBRADA 178
  - OKUS 178
- LOSOS SMEĐA S CAVOM 179
  - Sirovina 179
  - OBRADA 179
  - OKUS 179
- PIQUILTOS BRANCIN BILBAÍN STIL 180
  - Sirovina 180
  - OBRADA 180
  - OKUS 180
- DAGNJE U VINAIGRETU 181

Sirovina 181

OBRADA 181

OKUS 181

MARMITACO 182

Sirovina 182

OBRADA 182

OKUS 182

SLANI MORSKI MJEHUR 184

Sirovina 184

OBRADA 184

OKUS 184

POVRAT PARE 185

Sirovina 185

OBRADA 185

OKUS 185

VJEROJATNO U GALICIJI 186

Sirovina 186

OBRADA 186

OKUS 186

KOŠARKAŠKA IGRA OSLIĆ 188

Sirovina 188

OBRADA 188

OKUS 189

NOŽEVI S ČEŠNJAKOM I LIMUNOM 190

Sirovina 190

OBRADA 190

OKUS	190
WAY WAY PUDING	191
Sirovina	191
OBRADA	191
OKUS	192
RIBA SA GUSTOM KREMOM OD ČEŠNJAKA	193
Sirovina	193
OBRADA	193
OKUS	194
SLUMB IN SOK OD JABUKOVACA S KOMPOTEM OD JABUKA I METVE	195
Sirovina	195
OBRADA	195
OKUS	196
Marinirani losos	197
Sirovina	197
OBRADA	197
OKUS	197
PISTAN PLAVI SIR	198
Sirovina	198
OBRADA	198
OKUS	198
BAVČVA TATAKI ZAPRLJANA U SOJU	200
Sirovina	200
OBRADA	200
OKUS	200

PECI PITU 202
    Sirovina 202
    OBRADA 202
    OKUS 202
PRIJESTONICA LIJEPE PAPRIKE 203
    Sirovina 203
    OBRADA 203
    OKUS 204
RADIO 205
    Sirovina 205
    OBRADA 205
    OKUS 205
VOJNICI PAVIJE 206
    Sirovina 206
    OBRADA 206
    OKUS 207
RACHELLA 208
    Sirovina 208
    OBRADA 208
    OKUS 208
PASTRVA DO NAVARRE 209
    Sirovina 209
    OBRADA 209
    OKUS 209
TATARA OD LOSOSA SA AVOKADOM 210
    Sirovina 210

    OBRADA 210

    OKUS 210

GALISKE Jakobove kapice 212

    Sirovina 212

    OBRADA 212

    OKUS 212

LENCE A LA LIONESA

Sirovina

500 g leće

700 g luka

200 g maslaca

1 grančica peršina

1 grančica majčine dušice

1 list lovora

1 mali luk

1 mrkva

6 klinčića

Sol

OBRADA

Na maslacu na laganoj vatri popržite luk narezan na julienne trakice. Poklopite i pecite dok blago ne porumene.

Dodajte leću, klinčiće zabodene u cijele sitne glavice luka, nasjeckanu mrkvu i začinsko bilje. Preliti hladnom vodom.

Ogulite i kuhajte na laganoj vatri dok mahunarke ne omekšaju. Prilagodite sol.

OKUS

Važno je kuhati na jakoj vatri kako bi se prebacili na srednju da se ne zalijepe.

KURILA S JABUKAMA

Sirovina

300 g leće

8 žlica vrhnja

1 žlica curryja

1 zlatna jabuka

1 grančica majčine dušice

1 grančica peršina

1 list lovora

2 luka

1 režanj češnjaka

3 klinčića

4 žlice ulja

Sol papar

OBRADA

Kuhajte leću u hladnoj vodi 1 sat s 1 glavicom luka, češnjakom, lovorovim listom, timijanom, peršinom, klinčićima, soli i paprom.

Na ulju posebno popržite drugi luk sa jabukom. Dodajte curry i promiješajte.

U lonac s jabukama dodajte leću i kuhajte još 5 minuta. Dodajte vrhnje i lagano promiješajte.

OKUS

Ako ostane leće, možete od nje napraviti kremu i dodati kuhane kozice.

POCHAS IZ NAVARRE

Sirovina

400 g graha

1 žlica paprike

5 režnjeva češnjaka

1 talijanska zelena paprika

1 crvena paprika

1 čisti poriluk

1 mrkva

1 luk

1 veća rajčica

Maslinovo ulje

Sol

OBRADA

Mahune dobro očistite. Ulijte vodu u lonac zajedno s paprikom, lukom, porilukom, rajčicom i mrkvom. Kuhajte oko 35 minuta.

Izvadite povrće i nasjeckajte ga. Zatim ih vratite u juhu.

Češnjak nasjeckajte na sitno i popržite na malo ulja. Maknite s vatre i dodajte papriku. Rehome 5 integriran je u bijeli grah. Prilagodite sol.

OKUS

Budući da se radi o svježim mahunarkama, vrijeme kuhanja je puno kraće.

LEĆE

Sirovina

500 g leće

1 žlica paprike

1 velika mrkva

1 srednji luk

1 velika paprika

2 češnja češnjaka

1 veći krumpir

1 patka od šunke

1 kobasica

1 crni puding

Slanina

1 list lovora

Sol

OBRADA

Sitno nasjeckano povrće kuha se na pari dok ne omekša. Dodajte paprike i dodajte 1 ½ litre vode (možete zamijeniti temeljcem od povrća ili čak juhom). Dodajte leću, meso, vrh šunke i lovorov list.

Izvadite i spremite chorizo i crni puding kada omekšaju kako se ne bi slomili. Nastavite kuhati leću dok ne bude gotova.

Dodajte krumpir i kuhajte još 5 minuta. Dodajte prstohvat soli.

OKUS

Za drugačiji okus dodajte 1 štapić cimeta u leću tijekom kuhanja.

BABMUSAKA SA GLJIVAMA

Sirovina

250 g kuhanog crvenog graha

500 g domaćeg paradajz sosa

200 g šampinjona

100 g ribanog sira

½ čaše crnog vina

2 patlidžana

2 češnja češnjaka

1 veliki luk

½ zelene paprike

½ žute paprike

¼ crvene paprike

1 list lovora

Mlijeko

Origano

Maslinovo ulje

Sol papar

OBRADA

Patlidžan narezati na ploške i uliti u mlijeko posoliti da izgubi gorčinu.

Luk, češnjak i papriku posebno nasjeckajte i popržite na tavi. Dodajte gljive i nastavite pržiti. Dodajte vino i ohladite na jakoj vatri. Dodajte kečap, origano i lovor. Kuhajte 15 minuta. Maknite s vatre i dodajte mahune. Vremenski period.

Za to vrijeme ploške patlidžana dobro procijediti, osušiti i popržiti s obje strane na malo ulja.

Mahune i patlidžane staviti u tepsiju dok se sastojci ne potroše. Završite slojem patlidžana. Pospite ribanim sirom i gratinirajte.

OKUS

Ovaj recept je izvrstan s lećom ili ostacima mahunarki od drugih sastojaka.

POGAČA OD KRUMPIRA

Sirovina

1 kg slanutka

1 kg bakalara

500 g špinata

50 g badema

Set od 3 l

2 žlice umaka od rajčice

1 žlica paprike

3 kriške tosta

2 češnja češnjaka

1 zelena paprika

1 luk

1 list lovora

Maslinovo ulje

Sol

OBRADA

Pustite da se slanutak namače 24 sata.

U tavi na srednje jakoj vatri popržite luk narezan na kockice, češnjak i papriku. Dodajte papriku, lovorov list, umak od rajčice i zalijte ribljim temeljcem. Kad počne kuhati dodajte slanutak. Kad skoro omekšaju dodajte bakalar i špinat.

U međuvremenu ispasirajte bademe s prženim kruhom. Promiješajte i dodajte u juhu. Kuhajte još 5 minuta i posolite.

OKUS

Slanutak se mora staviti u lonac s kipućom vodom jer će se inače vrlo lako stvrdnuti i izgubiti kožicu.

POCHAS SA PROFESIONALNIM ZAVRŠETCIMA

Sirovina

400 g graha

Kuglice od 500 g

½ čaše bijelog vina

4 češnja češnjaka

1 mala zelena paprika

1 manja rajčica

1 luk

1 poriluk

1 kajenska paprika

nasjeckani svježi peršin

Maslinovo ulje

OBRADA

U lonac stavite mahune, papriku, pola glavice luka, očišćeni poriluk, 1 češanj češnjaka i rajčicu. Prelijte hladnom vodom i kuhajte oko 35 minuta dok povrće ne omekša.

Posebno na jakoj vatri popržite drugu polovicu luka, kajensku papriku i ostatak češnjaka narezanog na sitno. Dodajte školjke i deglazirajte vinom.

Školjke s umakom dodajte u bijeli grah, dodajte peršin i kuhajte još 2 minute. Prilagodite sol.

OKUS

Potopite školjke u hladnu, posoljenu vodu 2 sata da se sva zemlja opusti.

JASTOG BISK

Sirovina

1 ½ kg jastoga

250 g rajčice

200 g poriluka

150 g maslaca

100 g mrkve

100 g luka

75 g riže

1 ½ l ribljeg soka

¼ l vrhnja

1 dl rakije

1 dl vina

1 grančica majčine dušice

2 lista lovora

Sol papar

OBRADA

Jastoga narežite na komade i popržite do crvene boje na 50 g maslaca. Zapalite rakijom i prelijte vinom. Poklopite i kuhajte 15 minuta.

Sačuvajte meso jastoga. Lešine zdrobite zajedno s rakijom, kuhanim vinom i tamjanom. Prođite kineski i opskrbite se.

Nasjeckano povrće (ovisno o tvrdoći) popržite na ostatku maslaca. Na kraju dodajte rajčice. Navlažite ga sačuvanom juhom, dodajte začinsko bilje i rižu. Kuhajte 45 minuta. Promiješajte i provucite kroz filter. Dodajte vrhnje i kuhajte još 5 minuta.

Kremu poslužite s nasjeckanim jastogom.

OKUS

Flambirati znači spaliti alkoholno piće na takav način da alkohol nestane, ali ne i okus. Važno je to učiniti s isključenim ispušnim ventilatorom.

MIMI JEZIKA BILJA

Sirovina

150 g narezaka Serrano šunke

150 g zelenih mahuna

150 g cvjetače

150 g graška

150 g graha

2 žlice brašna

3 artičoke

2 tvrdo kuhana jaja

2 mrkve

1 luk

1 režanj češnjaka

1 limun

Maslinovo ulje

Sol

OBRADA

Očistite artičoke, odbacite krajnje vanjske listove i vrhove. Kuhajte vodu s 1 žlicom brašna i limunovim sokom dok ne omekša. Ažuriranje i odricanje od odgovornosti.

Mrkvu ogulite i narežite na komade srednje veličine. Mahunama skinuti vezice i krajeve te ih prerezati na 3 dijela. Od cvjetače beremo ružice.

Zakuhajte vodu i kuhajte svako povrće posebno dok ne omekša. Ažuriranje i odricanje od odgovornosti.

Juhu od povrća prepolovite (osim juhe od artičoka).

Nasjeckajte luk i češnjak na sitno. Pirjajte 10 minuta s kockicama Serrano šunke. Dodajte drugu žlicu brašna i pržite još 2 minute. Dodajte 150 ml temeljca od povrća. Izvadite i kuhajte 5 minuta. Dodajte povrće i nasjeckana tvrdo kuhana jaja. Kuhajte 2 minute pa posolite.

OKUS

Povrće se mora kuhati posebno jer vrijeme kuhanja nije isto.

LOKALNA MANDEN LICENCA

Sirovina

1¼ kg krumpira

750 g krumpira

3 češnja češnjaka

2 dl maslinovog ulja

Sol

OBRADA

Blitvu operite i listove narežite na veće komade. Listove ogulite i narežite na krugove. Listove i stabljike kuhajte 5 minuta u kipućoj slanoj vodi. Ažuriranje, izdanje i rezervacija.

U istoj vodi kuhajte oguljeni i cachelada krumpir 20 minuta. Ocijedite i spremite.

Na ulju popržite oguljeni i na listiće češnjak. Dodati pencu, lišće i krumpir te pržiti 2 minute. Prilagodite sol.

OKUS

Penca se može puniti šunkom i sirom. Zatim ga izribamo i ispečemo.

UZIMANJE KRAVE I LOSOSA

Sirovina

400 g tikvica

200 g svježeg lososa (bez kostiju)

750 ml vrhnja

6 jaja

1 luk

Maslinovo ulje

Sol papar

OBRADA

Luk sitno narezati i popržiti na malo ulja. Tikvicu narezati na sitne kockice i dodati na luk. Pirjajte na srednjoj vatri 10 minuta.

Miješati i dodavati ½ l vrhnja i 4 jaja dok se ne dobije fino tijesto.

Stavite u pojedinačne, prethodno namašćene i pobrašnjene kalupe i pecite na 170 ºC u vodenoj kupelji cca. Pecite 10 minuta.

Za to vrijeme na malo ulja lagano popržiti losos. Začinite i pomiješajte s ostatkom vrhnja i 2 jaja. Stavite ga na tortu od tikvica. Nastavite peći još 20 minuta ili dok se ne stegne.

OKUS

Poslužite vruće, s mljevenom majonezom i nekoliko grančica tostiranog šafrana.

Varivo od artičoka SA ŠAMPINJONIMA I PARMEZANOM

Sirovina

1 ½ kg srca artičoke

200 g šampinjona

50 g parmezana

1 čaša bijelog vina

3 velike rajčice

1 mladi luk

1 limun

Maslinovo ulje

Sol papar

OBRADA

Ogulite artičoke, uklonite peteljku, čvrste vanjske listove i vrh. Narežite ih na četvrtine i natrljajte limunom da ne oksidiraju. Rezerviraj.

Polako popržite nasjeckani luk. Pojačati vatru i dodati očišćene i narezane gljive. Kuhajte 3 minute. Zalijte vinom pa dodajte naribane rajčice i artičoke. Poklopite i kuhajte 10 minuta ili dok artičoke ne omekšaju, a umak se zgusne.

Tanjur, umak i posuti parmezanom.

OKUS

Drugi način da spriječite oksidaciju artičoka je da ih potopite u hladnu vodu s puno svježeg peršina.

Marinirani patlidžan

Sirovina

2 veća patlidžana

3 žlice soka od limuna

3 žlice nasjeckanog svježeg peršina

2 žlice nasjeckanog češnjaka

1 žlica mljevenog kima

1 žlica cimeta

1 žlica ljute papričice

Maslinovo ulje

Sol

OBRADA

Narežite patlidžan po dužini. Pospite solju i ostavite na kuhinjskom papiru 30 minuta. Isperite s puno vode i ostavite sa strane.

Ploške patlidžana pokapajte uljem i soli i pecite 25 minuta na 175 stupnjeva.

Ostale sastojke pomiješajte u zdjeli. Dodajte patlidžan u smjesu i promiješajte. Pokrijte i stavite u hladnjak na 2 sata.

OKUS

Kako bi patlidžan izgubio gorčinu, možete ga potopiti u mlijeko s malo soli na 20 minuta.

PRŽENI BABY GRAH SA SERRANO ŠUNKOM

Sirovina

1 boca graha u ulju

2 češnja češnjaka

4 kriške serrano šunke

1 mladi luk

2 jaja

Sol papar

OBRADA

Ocijedite ulje iz graha u tavi. Popržite nasjeckani luk, češnjak i šunku narezanu na tanke trakice. Pojačajte vatru, dodajte mahune i pirjajte 3 minute.

Posebno umutiti jaja i posoliti ih. Preko graha prelijte jaje i neprestano miješajte.

OKUS

U umućena jaja dodajte malo vrhnja ili mlijeka da budu mekša.

TRINXAT

Sirovina

1 kg kupusa

1 kg krumpira

100 g slanine

5 režnjeva češnjaka

Maslinovo ulje

Sol

OBRADA

Kelj narežite, operite i narežite na tanke ploške. Krumpir ogulite i narežite na četvrtine. Sve zajedno kuhajte 25 minuta. Izvadite i vruće izlomite vilicom.

Na tavi popržite nasjeckani češnjak i slaninu narezanu na trakice. Dodati u prethodno krumpirovo tijesto i pržiti obje strane 3 minute, kao da je omlet od krumpira.

OKUS

Kelj se nakon kuhanja mora dobro ocijediti jer inače trinx neće dobro porumenjeti.

GRATINIRANI BROKULE SA BEKINIMA I AURORA UMAKOM

Sirovina

150 g slanine u trakicama

1 velika brokula

Aurora umak (vidi temeljac i umaci)

Maslinovo ulje

Sol papar

OBRADA

Trake slanine dobro popržite u tavi i ostavite sa strane.

Narežite brokulu i kuhajte je u puno slane vode 10 minuta ili dok ne omekša. Ocijedite i stavite u lim za pečenje.

Na brokulu stavite slaninu, zatim aurora umak i pecite gratin na najvećoj temperaturi dok ne porumeni.

OKUS

Da biste umanjili miris brokule, u vodu za kuhanje dodajte dobar dio octa.

BOGOGAN S RAKOVIMA I ŠKOLJKAMA U ZELENOM MORU

Sirovina

500 g kuhanog kardana

2 dl bijelog vina

2 dl ribljeg umaka

2 žlice nasjeckanog svježeg peršina

1 žlica brašna

20 školjki

4 češnja češnjaka

1 luk

Maslinovo ulje

Sol

OBRADA

Nasjeckajte luk i češnjak na sitno. Pirjajte lagano na 2 žlice ulja 15 minuta.

Dodajte brašno i kuhajte 2 minute uz stalno miješanje. Pojačajte vatru, ulijte vino i ostavite da se potpuno ohladi.

Navlažite ga pušnicom i kuhajte 10 minuta na laganoj vatri uz stalno miješanje. Dodajte peršin i posolite.

Dodajte prethodno očišćene školjke i kardan. Poklopite i kuhajte 1 minutu dok se školjke ne otvore.

OKUS

Peršin nemojte prekuhati da ne izgubi boju ili porumeni.

KARAMELIZIRANI LUK

Sirovina

2 velike glavice luka

2 žlice šećera

1 žličica modena ili sherry octa

OBRADA

Prženi luk pirjajte poklopljeno dok ne postane proziran

Poklopite i pecite dok ne porumene. Dodajte šećer i kuhajte još 15 minuta. Okupati octom i kuhati još 5 minuta.

OKUS

Ako želite napraviti omlet s ovom količinom karameliziranog luka, upotrijebite 800 g krumpira i 6 jaja.

OBLIKOVANE GLJIVE SA SERRANO ŠUNKOM I PESTO UMAKOM

Sirovina

500 g svježih gljiva

150 g Serrano šunke

1 sitno nasjeckani mladi luk

Pesto umak (vidi temeljac i umaci)

OBRADA

Luk i šunku sitno narežite. Lagano ih pržite 10 minuta. Neka se ohladi.

Šampinjone očistiti i odstraniti peteljku. Kuhajte ih naopako u tavi 5 minuta.

Gljive puniti šunkom i mladim lukom, preliti s malo pesto umaka i peći na 200 stupnjeva cca. 5 minuta.

OKUS

Nema potrebe dodavati sol jer su šunka i pesto malo slani.

CAULIRO S AJOARRIEROM

Sirovina

1 veća cvjetača

1 žlica slatke paprike

1 žlica octa

2 češnja češnjaka

8 žlica maslinovog ulja

Sol

OBRADA

Narežite cvjetaču i kuhajte je u puno slane vode 10 minuta ili dok ne omekša.

Češnjak narežite na ploške i popržite na ulju. Maknite posudu s vatre i dodajte papriku. Kuhajte 5 sekundi i zatim dodajte ocat. Sofrito začinite solju i umakom.

OKUS

za smanjenje mirisa cvjetače pri kuhanju dodajte 1 čašu mlijeka u vodu.

PEČENA CVJETAČA

Sirovina

100 g ribanog parmezana

1 veća cvjetača

2 žumanjka

Bešamel umak (vidi temeljac i umaci)

OBRADA

Narežite cvjetaču i kuhajte je u puno slane vode 10 minuta ili dok ne omekša.

Dodati bešamel (s vatre) dok se umute žumanjci i sir.

Cvjetaču stavite u vatrostalnu posudu i pospite je bešamelom. Pecite na najvećoj temperaturi dok površina ne porumeni.

OKUS

Dodate li u bešamel naribani sir i žumanjak, postaje novi Mornay umak.

DUXELLE

Sirovina

500 g šampinjona

100 g maslaca

100 g mladog luka (ili luka)

Sol papar

OBRADA

Šampinjone očistite i sitno narežite.

Na maslacu popržite jako sitno nasjeckani luk pa dodajte gljive. Kuhajte dok potpuno ne nestane tekućina. Vremenski period.

OKUS

Može biti savršen prilog, nadjev ili čak prvo jelo. Duxelle od gljiva s kuhanim jajetom, pileća prsa punjena duxelleom itd.

S DIMLJENIM LOSOSOM I CABRALOM

Sirovina

200 g vrhnja

150 g dimljenog lososa

100 g sira Cabrales

50 g nasjeckanih oraha

6 pupoljaka endivije

Sol papar

OBRADA

Patku izrežite, temeljito operite u hladnoj vodi i uronite u ledenu vodu na 15 minuta.

U posudi pomiješajte sir, losos narezan na trakice, orahe, vrhnje, sol i papar te ovim umakom napunite endiviju.

OKUS

Ispiranje endivije pod hladnom vodom i uranjanje u ledenu vodu pomoći će ukloniti njenu gorčinu.

LANGOMBARDI SEGOVSKI

Sirovina

40 g pinjola

40 g grožđica

1 žlica paprike

3 češnja češnjaka

1 crveni kupus

1 mala jabuka

Maslinovo ulje

Sol

OBRADA

Uklonite središnju stabljiku i vanjske listove crvenog kupusa i narežite na julienne trake. Jabuci očistite jezgru bez vađenja kore i narežite je na četvrtine. Crveni kupus, grožđice i jabuke kuhajte 90 minuta. Ocijedite i spremite.

Češnjak narežite na ploške i popržite na tavi. Dodajte pinjole i tostirani kruh. Dodajte papriku i dodajte crveni kupus grožđicama i jabukama. Pržiti 5 minuta.

OKUS

Kako crveni kupus ne bi izgubio boju, počnite ga kuhati s kipućom vodom i dodajte kap octa.

SALATA OD PEČENE PAPRIKE

Sirovina

3 rajčice

2 patlidžana

2 luka

1 crvena paprika

1 glavica češnjaka

Ocat (po izboru)

ekstra djevičansko maslinovo ulje

Sol

OBRADA

Zagrijte pećnicu na 170°C.

Operite patlidžan, papriku i rajčicu, ogulite luk. Stavite svo povrće u lim za pečenje i dobro ga pokapajte uljem. Pecite 1 sat, povremeno okrećite da se ravnomjerno ispeče. Izvadite kako je napravljeno.

Pustite paprike da se ohlade, uklonite im koru i sjemenke. Julienne paprike, luk i patlidžan bez sjemenki. Režnjeve češnjaka izvadite iz pečene glavice laganim pritiskom.

Sve povrće pomiješajte u zdjeli, posolite ga i popržite na ulju. Možete dodati i nekoliko kapi octa.

OKUS

Koru patlidžana i rajčice poželjno je napraviti nekoliko proreza kako se tijekom pečenja ne bi pocijepali i tako ih lakše oguliti.

FRANCUSKI GRAŠAK

Sirovina

850 g čistog graha

250 g luka

90 g serano šunke

90 g maslaca

1 litra juhe

1 žlica brašna

1 čista salata

Sol

OBRADA

Na maslacu popržite nasjeckani luk i šunku narezanu na kockice. Dodajte brašno i pržite 3 minute.

Dodajte temeljac i kuhajte još 15 minuta uz povremeno miješanje. Dodajte grah i kuhajte 10 minuta na srednjoj vatri.

Dodajte ukusni julienne i kuhajte još 5 minuta. Dodajte prstohvat soli.

OKUS

Grah kuhajte nepoklopljen da ne posivi. Dodavanje malo šećera tijekom kuhanja pojačava okus graha.

KREMIRANI ŠPINAT

Sirovina

3/4 funte svježeg špinata

45 g maslaca

45 g brašna

½ litre mlijeka

3 češnja češnjaka

Muškatni oraščić

Maslinovo ulje

Sol papar

OBRADA

Bešamel se pravi od otopljenog maslaca i brašna. Lagano pirjajte 5 minuta pa dodajte mlijeko uz stalno miješanje. Kuhajte 15 minuta pa začinite solju, paprom i muškatnim oraščićem.

Skuhajte špinat u dosta posoljene vode. Ocijedite, ohladite i dobro ocijedite da se potpuno osuše.

Češnjak narežite na ploške i pržite ga na ulju 1 minutu. Dodajte špinat i pirjajte na srednjoj vatri 5 minuta.

Pomiješajte špinat s bešamelom i kuhajte još 5 minuta uz stalno miješanje.

OKUS

Nekoliko prepečenih trokutića s kriškama kruha.

BEBABAS SA BIJELOM BUTIFARROM

Sirovina

1 boca graha u ulju

2 češnja češnjaka

1 bijela kobasica

1 mladi luk

Maslinovo ulje

Sol

OBRADA

Ocijedite ulje iz graha u tavi. Na ovom ulju sitno popržiti luk i češnjak pa dodati nasjeckanu kobasicu.

Pecite 3 minute do svijetlo smeđe boje. Pojačati vatru, dodati mahune i pržiti još 3 minute. Dodajte prstohvat soli.

OKUS

Može se napraviti i od mekog graha. Da biste to učinili, kuhajte u hladnoj vodi 15 minuta ili dok ne omekša. Ohladite vodom i ledom, zatim ogulite. Zatim pripremite recept na isti način.

MAHUNE SA ŠUNKOM

Sirovina

600 g mahuna

150 g Serrano šunke

1 žličica paprike

5 rajčica

3 češnja češnjaka

1 luk

Maslinovo ulje

Sol

OBRADA

Mahunama odstraniti stranice i krajeve te ih narezati na velike kocke. Kuhajte u kipućoj vodi 12 minuta. Ocijedite, ohladite i prokuhajte.

Nasjeckajte luk i češnjak na sitno. Polagano pržite 10 minuta i dodajte Serrano šunku. Pirjajte još 5 minuta. Dodati papriku i naribanu rajčicu i pržiti dok ne iscuri sva voda.

U umak dodajte mahune i kuhajte još 3 minute. Dodajte prstohvat soli.

OKUS

Chorizo možete zamijeniti serrano šunkom.

janjetina

Sirovina

450 g janjetine

200 g zelenih mahuna

150 g očišćenog graha

150 g graška

2 litre juhe

2 dl crnog vina

4 srca artičoke

3 češnja češnjaka

2 velike rajčice

2 velika krumpira

1 zelena paprika

1 crvena paprika

1 luk

Maslinovo ulje

Sol papar

OBRADA

Janjetina se isjecka, začini i peče na jakoj vatri. Izvadite i naručite.

Na istom ulju 10 minuta polako pržite nasjeckani češnjak i luk. Dodajte naribanu rajčicu i kuhajte dok voda potpuno ne ispari. Navlažite ga vinom i ostavite da se ohladi. Zalijte temeljcem, dodajte janjetinu i kuhajte 50 minuta ili dok meso ne omekša. Vremenski period.

Posebno u drugoj tavi poparite narezanu papriku, mahune, artičoke narezane na četvrtine, bob izrezan na 8 komada i mahune. Zalijte janjećim temeljcem i lagano pirjajte 5 minuta. Dodajte oguljeni i narezani krumpir. Kuhajte dok ne omekša. Dodajte janjetinu i malo temeljca.

OKUS

Grah kuhajte nepoklopljen da ne posivi.

SLATKI patlidžan S kozjim sirom, medom i curryjem

Sirovina

200 g kozjeg sira

1 patlidžan

Med

curry

Pšenica

Maslinovo ulje

Sol

OBRADA

Patlidžan narežite na tanke ploške, stavite na upijajući papir i posolite s obje strane. Ostavite da se odmori 20 minuta. Uklonite višak soli i brašna i prepecite.

Sir narežite na tanke ploške. Stavite slojeve patlidžana i sira zajedno. Pecite 5 minuta na 160 stupnjeva.

Stavite na tanjur i dodajte 1 žličicu meda i malo curryja na svaku krišku patlidžana.

OKUS

Narezati patlidžan i ostaviti ga posoliti uklanja svu gorčinu.

TAKA BIJELE ŠPAROGE I DIMLJENI LOSOS

Sirovina

400 g šparoga iz konzerve

200 g dimljenog lososa

½ l vrhnja

4 jaja

Pšenica

Maslinovo ulje

Sol papar

OBRADA

Sve sastojke miješajte dok ne dobijete glatko tijesto. Procijedite kako biste izbjegli pramenove šparoga.

Izliti u pojedinačne, prethodno namašćene i pobrašnjene kalupe. Pecite na 170°C 20 minuta. Može se uzimati topao ili hladan.

OKUS

Majoneza od zgnječenih listova svježeg bosiljka savršen je prilog.

PIQUILLO PIQUR PUNJEN MORCILOM SA SLATKOM PENOM

Sirovina

125 ml vrhnja

8 žlica senfa

2 žlice šećera

12 piquillo papričica

2 krvavice

Zupčanici

Brašno i jaja (za premazivanje)

Maslinovo ulje

OBRADA

Puding zdrobite i zajedno sa šakom pinjola prepecite na vrućoj tavi. Pustiti da se ohladi i puniti paprike. Uvaljati u brašno i jaje, pržiti na dosta ulja.

Kuhajte vrhnje sa senfom i šećerom dok ne postane gusto. Poslužite paprike s ljutim umakom.

OKUS

Paprike se moraju malo po malo i jako zagrijati na ulju.

ARTISTLE S UMAKOM OD BADEMA

Sirovina

900 g kuhanog kardana

75 g badema u listićima

50 g brašna

50 g maslaca

1 litra pileće juhe

1 dl bijelog vina

1 dl vrhnja

1 žlica nasjeckanog svježeg peršina

2 češnja češnjaka

2 žumanjka

1 luk

Maslinovo ulje

Sol papar

OBRADA

Bademe i brašno lagano kuhajte na maslacu 3 minute. Uz dalje miješanje ulijte pileći temeljac i kuhajte još 20 minuta. Dodajte vrhnje pa maknite s vatre i uz miješanje dodajte žumanjak. Vremenski period.

Na ulju posebno popržite luk i češnjak. Dodajte artičoke, pojačajte vatru i zalijte vinom. Neka se potpuno reducira.

Dodajte juhu u artičoke i poslužite preliveno peršinom.

OKUS

Nemojte pregrijavati umak nakon dodavanja žumanjka, kako ne bi zaspao i umak ostao grudast.

PISTO

Sirovina

4 zrele rajčice

2 zelene paprike

2 tikvice

2 luka

1 crvena paprika

2-3 češnja češnjaka

1 žličica šećera

Maslinovo ulje

Sol

OBRADA

Rajčice blanširajte, skinite kožicu i narežite ih na kockice. Ogulite i narežite luk i tikvicu. Papriku očistiti od sjemenki, meso narezati na kockice.

Na malo ulja pržiti češnjak i luk 2 minute. Dodajte papriku i pržite još 5 minuta. Dodajte tikvice i pirjajte još nekoliko minuta. Na kraju dodajte rajčice i kuhajte dok ne iscuri sva voda. Šećer i sol očistite pa prokuhajte.

OKUS

Možete koristiti rajčice iz konzerve ili dobar kečap.

DOTIRAN DRAGOCJENIM OKTOM

Sirovina

8 poriluka

2 češnja češnjaka

1 zelena paprika

1 crvena paprika

1 mladi luk

1 krastavac

12 žlica ulja

4 žlice octa

Sol papar

OBRADA

Papriku, mladi luk, češnjak i krastavac sitno narežite. Pomiješajte s uljem, octom, soli i paprom. Uklonite ga.

Poriluk očistite i kuhajte u kipućoj vodi 15 minuta. Izvadite, osušite i svaku prerežite na 3 dijela. Tanjur i umak s vinaigretteom.

OKUS

Napravite vinaigrette od rajčice, mladog luka, kapara i crnih maslina. Gratinirani zeleni luk s mozzarellom i umakom. Fino.

CAUGUE, SLANINA I PRESANI QUICHE

Sirovina

200 g Manchego sira

1 litra vrhnja

8 jaja

6 većih očišćenih poriluka

1 paket dimljene slanine

1 paket smrznutog lisnatog tijesta

Pšenica

Maslinovo ulje

Sol papar

OBRADA

Kalup premažite maslacem i pobrašnite pa ga obložite lisnatim tijestom. Stavite aluminijsku foliju i povrće na vrh da se ne diže i pecite 15 minuta na 185 ºC.

Za to vrijeme polagano se prži sitno nasjeckani poriluk. Dodajte sitno nasjeckanu slaninu.

Umućeno jaje pomiješajte s vrhnjem, porilukom, slaninom i naribanim sirom. Posolite i popaprite, ovu smjesu stavite na croissant i pecite na 165 ºC 45 minuta dok ne očvrsne.

OKUS

Kako biste bili sigurni da je quiche stvrdnut, probodite sredinu iglom. Ako izađe suha, to je znak da je kolač gotov.

RAJ U LA PROVENCALI

Sirovina

100 g krušnih mrvica

4 rajčice

2 češnja češnjaka

Peršin

Maslinovo ulje

Sol papar

OBRADA

Ogulite i nasjeckajte češnjak pa ga pomiješajte s krušnim mrvicama. Rajčice prerežite na pola i izvadite im sjemenke.

Zagrijte ulje u tavi i dodajte rajčice, prerezanu stranu prema dolje. Kada se koža počne dizati na rubovima, preokrenite je. Kuhajte još 3 minute i stavite u tepsiju.

U istoj tavi tostirajte smjesu za kruh i češnjak. Kad porumene, pospite rajčice preko. Zagrijte pećnicu na 180 stupnjeva i pecite 10 minuta, pazeći da se ne presuše.

OKUS

Obično se jede kao prilog, ali i kao glavno jelo, uz lagano popržnu mozzarellu.

PUNJENI LUK

Sirovina

125 g mljevene junetine

125 g slanine

2 žlice umaka od rajčice

2 žlice krušnih mrvica

4 velike glavice luka

1 jaje

Maslinovo ulje

Sol papar

OBRADA

Narezanu slaninu i mljeveno meso prokuhajte sa soli i paprom dok ne izgubi ružičastu boju. Dodajte rajčice i kuhajte još 1 minutu.

Meso pomiješajte s jajetom i prezlama.

Uklonite prvi sloj luka i njegovu podlogu. Prelijte vodom i kuhajte 15 minuta. Posušiti, odstraniti sredinu i puniti mesom. Pecite 15 minuta na 175 stupnjeva.

OKUS

Mornay umak možete napraviti tako da pola mlijeka zamijenite vodom od kuhanja luka. Prelijte umakom i pecite.

GLJIVE SA KREMOM OD ORAHA

Sirovina

1 kg miješanih gljiva

250 ml vrhnja

125 ml rakije

2 češnja češnjaka

Orah

Maslinovo ulje

Sol papar

OBRADA

Na tavi popržite češnjak. Pojačati vatru i dodati očišćene i narezane gljive. Pržiti 3 minute.

Navlažite ga rakijom i ostavite da se ohladi. Dodajte vrhnje i lagano pirjajte još 5 minuta. Šaku oraha zdrobite u mužaru i prelijte.

OKUS

Uzgajane gljive, pa čak i sušene gljive su dobra opcija.

TORTA OD RAJČICE-BOSILJKA

Sirovina

½ l vrhnja

8 žlica umaka od rajčice (vidi temeljac i umaci)

4 jaja

8 listova svježeg bosiljka

Pšenica

Maslinovo ulje

Sol papar

OBRADA

Sve sastojke miješajte dok ne dobijete homogenu masu.

Zagrijte pećnicu na 170°C. Izliti u prethodno pobrašnjen i namašćen kalup i peći 20 minuta.

OKUS

To je sjajan način da iskoristite ostatke kečapa iz drugog recepta.

PILEĆI CURRY Tepsija od krumpira

Sirovina

1 kg krumpira

½ litre pileće juhe

2 pileća prsa

1 žlica curryja

2 češnja češnjaka

2 rajčice

1 luk

1 list lovora

Maslinovo ulje

Sol papar

OBRADA

Prsa narežite na kocke srednje veličine. Začiniti i pržiti na vrućem ulju. Izvadi i naruči.

Na istom ulju na laganoj vatri prokuhajte luk i češnjak narezan na sitne kockice 10 minuta. Dodajte curry i pržite još minutu. Dodajte naribanu rajčicu, pojačajte vatru i kuhajte dok rajčica ne izgubi svu vodu.

Ogulite i ogulite krumpir. Dodajte ih u umak i kuhajte 3 minute. Okupali smo ga juhom i lovorom. Pirjajte dok krumpir ne bude gotov pa ga začinite solju i paprom.

OKUS

Izdubite temeljac i krumpir i zgnječite vilicom. Vratiti u temeljac i kuhati 1 minutu uz stalno miješanje. Time se temeljac zgusne bez potrebe za brašnom.

SLATKO JAJE

Sirovina

8 jaja

tost

Sol papar

OBRADA

Stavite jaja u zdjelu prelivenu hladnom vodom i soli. Kuhajte dok voda lagano ne provrije. Ostavite na vatri 3 minute.

Izvadite jaje i ohladite ga u ledenoj vodi. Pažljivo odlomite gornju ljusku kao šešir. Začinite solju i paprom i poslužite s prepečenim grisinama.

OKUS

Bitno je da se u prvoj minuti jaje pomakne tako da žumanjak bude u sredini.

KRUMPIR VAŽNO

Sirovina

1 kg krumpira

¾ l ribljeg temeljca

1 mala čaša bijelog vina

1 žlica brašna

2 češnja češnjaka

1 luk

Brašno i jaja (za premazivanje)

Peršin

Maslinovo ulje

OBRADA

Krompir ogulite i narežite na ne predebele ploške. Pobrašnite i propasirajte kroz jaje. Ispeći i ostaviti sa strane.

Luk i češnjak narežite na sitno i ogulite. Dodati i prepeći žlicu brašna te zaliti vinom. Pustite da se ohladi dok se gotovo ne osuši i namoči s pušnicom. Kuhajte 15 minuta na laganoj vatri. Posolite i dodajte peršin.

Dodajte krumpir u umak i kuhajte dok ne omekša.

OKUS

Možete dodati nekoliko komada grdobine ili lampure i škampa.

S MOLLETO JAJEM

Sirovina

8 jaja

150 g suhih vrganja

50 g maslaca

50 g brašna

1 dl slatkog vina

2 češnja češnjaka

Muškatni oraščić

Ocat

Ulje

Sol papar

OBRADA

Lopticu potopiti oko 1 sat u 1 litru vruće vode. U međuvremenu kuhajte jaja u kipućoj, posoljenoj i octenom vodi 5 minuta. Izvadite i odmah osvježite u ledeno hladnoj vodi. Pažljivo ga skinite.

Procijedite krupicu i sačuvajte vodu. Češnjak narežite na ploške i lagano popržite na ulju. Dodajte trputac i kuhajte 2 minute na jakoj vatri. Začinite solju, paprom i kupajte se u slatkom vinu dok ne omekša, a umak se osuši.

U tavi rastopite maslac s brašnom. Kuhajte na laganoj vatri 5 minuta bez prestanka miješanja. Odlijte vodu od navodnjavanja vrganja. Kuhajte 15 minuta na laganoj vatri uz stalno miješanje. Začinite i dodajte muškatni oraščić.

Na tanjur stavite vrganje, zatim jaje i ukrasite umakom.

OKUS

Meko jaje treba sadržavati protein sirutke i tekući žumanjak.

KRUMPIR I BIJELI KRUMPIR

Sirovina

1 kg krumpira

600 g bakalara bez kože i kostiju

4 žlice umaka od rajčice

1 veliki luk

2 češnja češnjaka

1 list lovora

Rakija

Maslinovo ulje

Sol papar

OBRADA

Krompir ogulite, narežite na četvrtine i kuhajte u slanoj vodi 30 minuta. Ocijedite i provucite kroz mlin za hranu. Pire rasporedite na prozirnu foliju i ostavite sa strane.

Nasjeckajte luk i češnjak na sitno. Pržite na srednje jakoj vatri 5 minuta pa dodajte lovorov list i nasjeckani i začinjeni češnjak. Kuhajte još 5 minuta ne prekidajući miješanje, pokvasite s malo rakije i ostavite da se slegne. Dodajte kečap i kuhajte još minutu. Neka se ohladi.

Bjelanjke premažite na podlogu od krumpira, zarolajte u roladu i ostavite u hladnjaku do posluživanja.

OKUS

Može se raditi od bilo koje svježe ili smrznute ribe. Poslužite s ružičastim umakom ili aiolijem.

OMLET OD UPOTREBE COCIDO (DEFEKTNA ODJEĆA)

Sirovina

125 g peteljki

100 g piletine ili piletine

60 g kupusa

60 g slanine

1 žličica paprike

3 češnja češnjaka

1 crni puding

1 kobasica

1 luk

2 žlice maslinovog ulja

Sol

OBRADA

Nasjeckajte luk i češnjak na sitno. Pirjati na laganoj vatri 10 minuta. Kuhano meso i kupus sitno narezati i dodati na luk. Pržite na srednjoj vatri dok meso ne porumeni i ne porumeni.

Umutiti jaja i dodati mesu. Prilagodite sol.

Dobro zagrijte tavu, dodajte ulje i ispecite tortilju s obje strane.

OKUS

Poslužite s dobrim umakom od kima i rajčice.

Krumpir punjen dimljenom plavom vodom, slaninom i dizanom

Sirovina

4 srednja krumpira

250 g slanine

150 g parmezana

200 g dimljenog lososa

½ l vrhnja

1 patlidžan

Maslinovo ulje

Sol papar

OBRADA

Krumpir dobro operite i kuhajte ga s ljuskom na srednjoj vatri 25 minuta ili dok ne omekša. Ocijediti, prepoloviti i ocijediti, ostaviti lagani sloj. Krumpire spremite cijele i ocijedite ih.

Na zagrijanoj tavi popržite slaninu narezanu na tanke trakice. Izvadite i naručite. Na istom ulju kuhajte patlidžan narezan na kockice 15 minuta ili dok ne omekša.

U lonac stavite ocijeđeni krumpir, sojine patlidžane, slaninu, losos narezan na trakice, parmezan i vrhnje. Kuhajte 5 minuta na srednjoj vatri, a zatim začinite solju i paprom.

Prethodnom smjesom napunite krumpire i gratinirajte ih dok ne porumene na 180 ºC.

OKUS

Sa istim nadjevom možete napraviti patlidžan.

KROKET OD KRUMPIRA I SIRA

Sirovina

500 g krumpira

150 g ribanog parmezana

50 g maslaca

Brašno, jaja i prezle (za premazivanje)

2 žumanjka

Muškatni oraščić

Sol papar

OBRADA

Krumpir ogulite, narežite na četvrtine i kuhajte na srednjoj vatri u vodi i soli 30 minuta. Ocijedite i provucite kroz mlin za hranu. Dok je vruće dodajte maslac, žumanjak, sol, papar, muškatni oraščić i parmezan. Neka se ohladi.

Oblikujte kuglice poput kroketa i uvaljajte ih u brašno, razmućeno jaje i prezle. Pržite na dosta ulja dok ne porumene.

OKUS

Prije prekrivanja u sredinu kroketa stavite 1 žličicu kečapa i komadić svježe kuhane kobasice. Oni su ukusni.

DOBRO PEČENO PEČENO

Sirovina

1 kg kasnog ili srednjeg krompira (sorte kiseli ili monalisa)

1 litra maslinovog ulja

Sol

OBRADA

Krompir ogulite i narežite na pravilne kocke. Perite ih u vrlo hladnoj vodi dok ne postanu potpuno prozirne. dobro osušiti

Zagrijte ulje u tavi na srednje jakoj vatri na oko 150 stupnjeva. Kad počne lagano, ali postojano mjehurićiti, dodajte krumpir i kuhajte ga dok ne omekša, pazeći da ga ne slomite.

Pojačajte vatru s vrlo vrućim uljem i dodajte krumpir u serijama, miješajući kuhačom. Pecite dok ne porumene i postanu hrskavi. Izvadite ga i ocijedite od viška ulja i soli.

OKUS

Obje temperature ulja su važne. Ovo će biti vrlo mekano iznutra, a hrskavo izvana. Posoliti na kraju.

FIRENTINSKO JAJE

Sirovina

8 jaja

800 g špinata

150 g soli

1 režanj češnjaka

Bešamel umak (vidi temeljac i umaci)

Sol

OBRADA

Špinat kuhajte u kipućoj slanoj vodi 5 minuta. Rehidrirajte i iscijedite da izgubite svu vodu. Sitno nasjeckati i ostaviti sa strane.

Češnjak nasjeckajte i pržite 1 minutu na srednjoj vatri. Dodajte šunku u komadima i kuhajte još 1 minutu. Pojačajte vatru, dodajte špinat i kuhajte još 5 minuta. Zatim špinat podijelite u 4 glinene posude.

Na vrh špinata izlijte 2 komada razbijenog jaja. Premažite bešamelom i pecite 8 minuta na 170 ºC.

OKUS

Florentinci se nazivaju pripravci od špinata.

KRUMPIRI SA RIBOM SUNČANICE I RAKOVIMA

Sirovina

4 krumpira

300 g čiste grdobine bez kosti

250 g oguljenih škampa

½ l ribljeg soka

1 čaša bijelog vina

1 žlica paste od chorizo paprike

1 žličica paprike

8 niti šafrana

3 kriške tosta

2 češnja češnjaka

1 luk

Maslinovo ulje

Sol papar

OBRADA

Pustite da se luk i nasjeckani češnjak krčkaju na laganoj vatri 10 minuta. Dodajte kriške kruha i tost. Dodajte šafran, papriku i chorizo papar. Pržiti 2 minute.

Krumpir rezervirati i dodati u umak. Pržiti 3 minute. Dodajte vino i pustite da se potpuno ohladi.

Zalijte temeljcem i kuhajte na laganoj vatri dok krumpir nije skoro gotov. Dodajte grdobinu narezanu na komade i oguljene kozice. Začinite i kuhajte još 2 minute. Ostavite stajati 5 minuta, skinite s vatre.

OKUS

Cachelar krumpir znači natrgati ga na jednolične komade bez potpunog rezanja. Ovo će zgusnuti juhu.

JAJE U FLAMENCO STILU

Sirovina

8 jaja

200 g umaka od rajčice

1 mala konzerva piquillo paprike

4 žlice kuhanog graška

4 kriške serrano šunke

4 debele kriške choriza

4 konzerve šparoga

OBRADA

Podijelite kečap u 4 glinene posude. U svaki stavite po 2 razbijena jajeta, a grah, chorizo i šunku narezane na komadiće, kao i paprike i šparoge podijelite na različite hrpice.

Peći na 190 stupnjeva dok jaja malo ne omekšaju.

OKUS

Može se raditi s botifarom, pa čak i svježom kobasicom.

TORTILLA PAISANA

Sirovina

6 jaja

3 velika krumpira

25 g kuhanog graška

25 g kobasica

25 g Serrano šunke

1 zelena paprika

1 crvena paprika

1 luk

Maslinovo ulje

Sol papar

OBRADA

Luk i papriku sitno narežite. Oguljeni krumpir narežite na vrlo tanke ploške. Na srednje jakoj vatri popržite krumpir s lukom i paprikom.

Popržite chorizo, a šunku narežite na sitne kockice. Ocijedite krumpir s lukom i paprom. Pomiješajte s chorizom i šunkom. Dodajte mahune.

Umutiti jaja, posoliti i popapriti pa umiješati krumpir i ostale sastojke. Srednju tavu dobro zagrijte, dodajte prethodnu smjesu i promiješajte s obje strane.

OKUS

Ne morate puno spavati, jer će biti spreman s preostalom toplinom. Tako će biti sočnije.

PEČENO JAJE SA KOBASICOM, SA SENFOM

Sirovina

8 jaja

2 njemačke dimljene kobasice

5 žlica senfa

4 žlice vrhnja

2 kisela krastavca

Sol papar

OBRADA

Sitno nasjeckani krastavac pomiješajte sa senfom i vrhnjem.

Kobasicu tanko narežite na dno 4 glinene posude. Odozgo prelijte umakom od senfa pa u svaki po 2 naribana jaja. Vremenski period.

Pecite na 180 stupnjeva dok proteini ne omekšaju.

OKUS

U smjesu senfa i vrhnja dodajte 2 žlice ribanog parmezana i nekoliko grančica svježeg timijana.

OSTALA ZA KRUMPIR U OŽUJKU

Sirovina

7 velikih jaja

Ispecite 800 g krumpira

1 dl bijelog vina

¼ litre pileće juhe

1 žlica svježeg peršina

1 žličica paprike

1 žličica brašna

3 češnja češnjaka

Djevičansko maslinovo ulje

Sol

OBRADA

Sitno nasjeckajte češnjak i pržite ga na srednje jakoj vatri 3 minute bez da previše porumeni. Dodajte brašno i pržite 2 minute. Dodajte papriku i pržite 5 sekundi. Navlažite ga vinom i ostavite da se potpuno ohladi. Podlijte juhom i kuhajte 10 minuta na laganoj vatri uz povremeno miješanje. Posolite i pospite peršinom.

Krompir ogulite. Narežite uzdužno na četvrtine a ovo na tanke ploške. pržiti dok ne omekšaju i lagano porumene.

Umutiti jaja i posoliti. Krumpir dobro ocijediti i dodati u razmućeno jaje. Prilagodite sol.

Zagrijte tavu, dodajte 3 žlice ulja na kojem se pržio krumpir, pa dodajte smjesu jaja-krumpir. Miješajte 15 sekundi na jakoj vatri. Okrenite ga diskom. Zagrijte tavu i dodajte još 2 žlice ulja nakon što se krumpir isprži. Dodajte tortilju i tostirajte na visokoj temperaturi 15 sekundi. Posolite i pirjajte na laganoj vatri 5 minuta.

OKUS

U ovom receptu možete koristiti ostatke juhe od variva ili jela s rižom.

PURRUSALDA

Sirovina

1 kg krumpira

200 g neslanog bakalara

100 ml bijelog vina

3 srednja poriluka

1 veliki luk

OBRADA

Bakalar kuhajte u 1 l hladne vode 5 minuta. Izvadite bakalar, zgnječite ga i izvadite kosti. Sačuvajte vodu od kuhanja.

Žulienirajte luk i pustite da se pirja u tavi na laganoj vatri oko 20 minuta. Poriluk narežite na tanke ploške i dodajte luku. Pirjajte još 10 minuta.

Izdinstajte (naribajte, ne rezajte) krumpire i dodajte u temeljac kad se poriluk skuha. Krumpir malo popržiti, pojačati vatru i podliti bijelim vinom. Neka se smanji.

Brodet se zalije vodom od kuhanja bakalara, posoli (treba biti samo mekan) i kuha dok krumpir ne omekša. Dodajte bakalar i kuhajte još 1 minutu. Posoliti i ostaviti poklopljeno 5 minuta.

OKUS

Ovo varivo pretvorite u kremu. Samo ga treba zdrobiti i procijediti. Fino.

OTAC

Sirovina

500 g krumpira

1 čaša bijelog vina

1 mali luk

1 zelena paprika

Maslinovo ulje

Sol

OBRADA

Krumpir ogulite i narežite na tanke ploške. Luk i papriku narežite na julienne trakice. Stavili smo na lim za pečenje. Posolite i dobro namažite uljem. Promiješajte da se sve dobro prožme i prekrijte aluminijskom folijom.

Pecite na 160°C 1 sat. Izvadite, uklonite papir i okupajte se vinskom čašom.

Peći nedovršeno na 200 stupnjeva još 15 minuta.

OKUS

Vino možete zamijeniti s ½ šalice vode, ½ šalice octa i 2 žlice šećera.

Pržene gljive

Sirovina

8 jaja

500 g šampinjona očistiti i narezati na ploške

100 g narezaka Serrano šunke

8 kriški tosta

2 češnja češnjaka

Maslinovo ulje

OBRADA

Češnjak narežite na ploške i lagano popržite zajedno s kockicama šunke bez dodavanja boje. Pojačati vatru, dodati očišćene i narezane gljive i pržiti 2 minute.

Dodajte tučeno jaje uz stalno miješanje dok smjesa ne postane lagano čvrsta i pjenasta.

OKUS

Sol nije potrebno dodavati jer to daje Serrano šunka.

JAJA NA PLUTU s inćunima i maslinama

Sirovina

8 jaja

500 g rajčice

40 g crnih maslina bez koštice

12 inćuna

10 kapara

3 češnja češnjaka

1 mladi luk

Origano

Šećer

Maslinovo ulje

Sol

OBRADA

Češnjak i luk sitno nasjeckajte. Pržiti 10 minuta na laganoj vatri.

Rajčice ogulite, izvadite sjemenke i narežite na sitne kockice. Dodajte umak od češnjaka i luka. Pojačajte vatru i kuhajte dok rajčice ne izgube svu vodu. Prilagodite sol i šećer.

Podijelite rajčice u glinene posude. Dodati 2 nasjeckana jaja i preliti preko ostalih nasjeckanih sastojaka. Pecite na 180 stupnjeva dok proteini ne omekšaju.

OKUS

Dodavanje šećera u recepte s rajčicama služi za uravnoteženje kiselosti koju ona daje.

KRUMPIRE SA ŠPEKOM I PARMEZANOM

Sirovina

1 kg krumpira

250 g slanine

150 g parmezana

300 ml vrhnja

3 glavice luka

Muškatni oraščić

Maslinovo ulje

Sol papar

OBRADA

U posudi pomiješajte vrhnje sa sirom, soli, paprom i muškatnim oraščićem.

Krompir i luk ogulite i narežite na tanke ploške. Pirjati dok ne omekša u tavi. Ocijediti i začiniti.

Posebno popržite slaninu narezanu na trakice i stavite u tavu zajedno s krumpirom.

Stavite krumpire u posudu, prelijte ih krem masom i pecite na 175°C dok vrh ne porumeni.

OKUS

Ovaj recept možete napraviti i bez kuhanja krumpira. Sve što trebate učiniti je peći na 150 stupnjeva 1 sat.

KUHANO JAJE

Sirovina

8 jaja

Sol

OBRADA

Kuhajte jaja u kipućoj vodi 11 minuta.

Ohladite vodom i ledom, zatim ogulite.

OKUS

Da biste ih lakše ogulili, vodu od kuhanja obilno posolite i ogulite ih odmah nakon hlađenja.

NABORANI KRUMPIR

Sirovina

1 kg sitnih krumpira

500 g krupne soli

OBRADA

Krompir skuhajte u slanoj vodi dok ne omekša. Trebali bi biti potpuno prekriveni vodom za dodatne prste. Ocijedite krumpir.

Krumpir vratite u isti lonac (bez pranja) i stavite na laganu vatru lagano miješajući dok se ne osuši. U tom se slučaju na svakom krumpiru stvara mali sloj soli i koža postaje naborana.

OKUS

Savršen je prilog slanoj ribi. Probajte s pestom.

TUČENO JAJE SA ŠAMPINJONIMA, RAKOVIMA I DIVLJIM ZGLOBICOM

Sirovina

8 jaja

300 g svježih gljiva

100 g škampa

250 ml juhe

2 žlice Pedra Ximeneza

1 žličica brašna

1 vezica divljih šparoga

Maslinovo ulje

1 dl octa

Sol papar

OBRADA

Jaja skuhajte u dosta kipuće slane vode i dosta octa. Ugasite vatru, pokrijte posudu i pričekajte 3-4 minute. Bjelanjak treba biti kuhan, a žumanjak tekući. Izvadite, ocijedite i začinite.

Šparoge očistiti i uzdužno prepoloviti. Popržite ih u tavi na jakoj temperaturi, posolite i ostavite sa strane. Na istom ulju na jakoj vatri 30 sekundi pržite oguljene i začinjene kozice. Povlačenje.

U istoj tavi na jakoj vatri 1 minutu pržite narezane gljive, dodajte brašno i pržite još minutu. Navlažite ga Pedro Ximénezom dok ne omekša i osuši se. Prelijte slanom juhom i zakuhajte.

Na tanjur stavite šparoge, škampe i gljive te dodajte jaja. Umak s umakom Pedro Ximénez.

OKUS

Kuhajte temeljac s 1 grančicom ružmarina dok ne dosegne polovicu volumena.

PRŽENI KRUMPIR SA CHORIZOM I ZELENOM PAPROM

Sirovina

6 jaja

120 g nasjeckanog choriza

4 krumpira

2 talijanske zelene paprike

2 češnja češnjaka

1 mladi luk

Maslinovo ulje

Sol papar

OBRADA

Krompir ogulite, operite i narežite na kockice srednje veličine. Temeljito operite dok voda ne iscuri. Julienne luk i paprika.

Pržite krumpir na jako zagrijanom ulju pa dodajte papriku i mladi luk dok povrće ne porumeni i omekša.

Ocijedite krumpir, mladi luk i papriku. U tavi ostaviti malo ulja da se nasjeckani chorizo zapeče. Ponovo pomiješajte krumpir s mladim lukom i paprikom. Dodajte razmućena jaja i lagano promiješajte. Sol i papar.

OKUS

Chorizo možete zamijeniti crnim pudingom, chistorrom, pa čak i botifarrom.

ALVEGAR Krumpir

Sirovina

1 kg krumpira

3 češnja češnjaka

1 mala zelena paprika

1 mala crvena paprika

1 mali luk

Svježi peršin

Maslinovo ulje

4 žlice octa

Sol

OBRADA

Češnjak zgnječite s peršinom, octom i 4 žlice vode.

Krompir oguliti i narezati na komade, kao za omlet. Pržite na jako zagrijanom ulju pa dodajte luk i papriku u finim julienne trakicama. Nastavite peći dok ne poprime laganu zlatnu boju.

Izvadite i ocijedite krumpir, luk i papriku. Dodajte protisnuti češnjak i ocat. Izvadite i posolite.

OKUS

Savršen prilog uz sva mesa, a posebno ona masnija poput janjetine i svinjetine.

VELIKI VOJVODA BURGRED JAJE

Sirovina

8 jaja

125 g parmezana

30 g maslaca

30 g brašna

½ litre mlijeka

4 kriške tosta

Muškatni oraščić

Ocat

Sol papar

OBRADA

Bešamel se radi tako da se brašno prepeče na maslacu 5 minuta na laganoj vatri, doda mlijeko uz stalno miješanje i kuha još 5 minuta. Začinite solju, paprom i muškatnim oraščićem.

Jaja skuhajte u dosta kipuće slane vode i dosta octa. Ugasite vatru, pokrijte posudu i pričekajte 3-4 minute. Izvadite i ocijedite.

Na tost stavite pečeno jaje i pospite ga bešamel umakom. Pospite naribanim parmezanom i zapecite u pećnici.

OKUS

Kad voda prokuha promiješajte štapićem i odmah dodajte jaje. To nam daje zaobljen i savršen oblik.

KRUMPIR s rebricama

Sirovina

3 velika krumpira

1 kg mariniranih svinjskih rebara

4 žlice umaka od rajčice

2 češnja češnjaka

1 list lovora

1 zelena paprika

1 crvena paprika

1 luk

Maslinovo ulje

Sol

OBRADA

Rebra prerežite na pola i ispecite na jako zagrijanoj tavi. Izvadi i naruči.

Na istom ulju popržite paprike, češnjak i luk narezan na srednje velike komade. Kad je povrće omekšalo dodaje se paradajz sos i opet dodaju rebarca. Promiješajte i prelijte vodom. Dodajte lovor i kuhajte na laganoj vatri dok gotovo ne omekša.

Zatim dodajte prženi krumpir. Posolite i pirjajte dok krumpir ne omekša.

OKUS

Oguliti krumpir znači smrviti ga nožem, a da ga ne prerežete do kraja. Time se osigurava oslobađanje škroba iz krumpira i juha postaje bogatija i gušća.

JAJE ZA KRUH

Sirovina

8 jaja

70 g maslaca

70 g brašna

Brašno, jaja i prezle (za premazivanje)

½ litre mlijeka

Muškatni oraščić

Maslinovo ulje

Sol papar

OBRADA

Zagrijte tavu na maslinovom ulju, ispecite jaja, a žumanjke neka budu sirovi ili vrlo sitni. Izvadite, posolite i uklonite višak ulja.

Bešamel se pravi tako da se brašno prži na otopljenom maslacu 5 minuta. Dodajte mlijeko, neprestano miješajte i kuhajte na srednjoj vatri 10 minuta. Začinite začinima i muškatnim oraščićem.

Pažljivo prekrijte jaja bešamelom sa svih strana. Ostavite da se ohladi u hladnjaku.

Jaja umutiti zajedno s brašnom, razmućenim jajetom i prezlama, pa pržiti na jako zagrijanom ulju dok ne porumene.

OKUS

Što je jaje svježije, manje prska prilikom pečenja. Za to ih izvadite iz hladnjaka 15 minuta prije pečenja.

KRUMPIRI S HESSEL ORAŠIMA

Sirovina

750 g krumpira

25 g maslaca

1 žličica nasjeckanog svježeg peršina

2 žlice maslinovog ulja

Sol papar

OBRADA

Krompir oguliti i oblikovati okruglice. Skuhajte ih u posoljenoj hladnoj vodi. Kad prvi put prokuhaju, pričekajte 30 sekundi i ocijedite.

U tavi rastopite maslac sa uljem. Dodajte ocijeđeni i ocijeđeni krumpir i kuhajte na srednje jakoj vatri dok krumpir ne porumeni i omekša iznutra. Dodajte sol, papar i peršin.

OKUS

Mogu se peći i u pećnici na 175 stupnjeva uz povremeno miješanje dok ne omekšaju i porumene.

MOLLET JAJE

Sirovina

8 jaja

Sol

Ocat

OBRADA

Kuhajte jaja u kipućoj vodi sa soli i octom 5 minuta. Izvadite ga i odmah ohladite u ledeno hladnoj vodi, pa pažljivo ogulite.

OKUS

Da biste kuhana jaja lakše ogulili, vodu obilno posolite.

KRUMPIR RIOJANA NA STIL

Sirovina

2 velika krumpira

1 žličica paste od chorizo ili ñora papra

2 češnja češnjaka

1 asturijski chorizo

1 zelena paprika

1 list lovora

1 luk

Paprika

4 žlice maslinovog ulja

Sol

OBRADA

Pustite nasjeckani češnjak dinstati na ulju 2 minute. Dodajte luk narezan na julienne trakice i papriku te pržite na srednje jakoj vatri 25 minuta (boja se treba karamelizirati). Dodajte žličicu chorizo papra.

Dodajte nasjeckani chorizo i pržite još 5 minuta. Dodajte cachelada krumpir i kuhajte još 10 minuta uz stalno miješanje. Posolite.

Dodajte papriku i podlijte vodom. Kuhajte zajedno s lovorom na vrlo laganoj vatri dok krumpir ne omekša.

OKUS

Od ostatka možemo napraviti kremu. Ovo je divno predjelo.

KAVA OD KRUMPIRA

Sirovina

3 velika krumpira

1 kg čistih lignji

3 češnja češnjaka

1 konzerva graška

1 veliki luk

Riblji temeljac

Svježi peršin

Maslinovo ulje

Sol

OBRADA

Luk, češnjak i peršin narežite na sitno. Sve pržite u tavi na srednjoj temperaturi.

Kad povrće porumeni, pojačajte vatru i kuhajte na pari lignje narezane na srednje komade 5 minuta. Prelijte ribu (ili hladnom vodom) i kuhajte dok lignje ne omekšaju. Posolite pa dodajte oguljeni i cachelada krumpir i grah.

Smanjite vatru i kuhajte dok krumpir ne bude gotov. Posolite i poslužite vruće.

OKUS

Vrlo je važno lignje kuhati na pari na jako visokoj temperaturi, inače će biti tvrde i ne baš sočne.

Omlet od rakova s češnjakom

Sirovina

8 jaja

350 g oguljenih škampa

4 češnja češnjaka

1 kajenska paprika

Maslinovo ulje

Sol

OBRADA

Češnjak narežite na ploške i lagano popržite zajedno s kajenskim paprom. Dodajte kozice, posolite i maknite s vatre. Ocijedite škampe, češnjak i kajenski papar.

Dobro zagrijte tavu s uljem od češnjaka. Istucite i začinite jaja. Dodajte škampe i češnjak i lagano promiješajte da se prekriju.

OKUS

Da se tortilja ne bi zalijepila za tavu, dobro je zagrijte prije dodavanja ulja.

KRUMPIR NA PARI S IGLICAMA

Sirovina

1 kg krumpira

500 g neslanog bakalara

1 l set

2 češnja češnjaka

1 zelena paprika

1 crvena paprika

1 luk

nasjeckani svježi peršin

Maslinovo ulje

Sol

OBRADA

Luk, češnjak i papriku sitno narežite. Povrće kuhajte na laganoj vatri 15 minuta.

Dodajte cacheladas krumpir (rendan, ne izrezan) i pržite još 5 minuta.

Začiniti dimom da se posoli i kuhati dok krumpir nije skoro gotov. Zatim dodajte bakalar i peršin i kuhajte 5 minuta. Posolite i poslužite vruće.

OKUS

Prije dimljenja dodajte 1 čašu bijelog vina i malo kajenskog papra.

PIRE OD KRUMPIRA

Sirovina

400 g krumpira

100 g maslaca

200 ml mlijeka

1 list lovora

Muškatni oraščić

Sol papar

OBRADA

Oprani i narezani krumpir s lovorom kuhajte na srednjoj vatri dok ne omekša. Ocijedite krumpir i provucite ga kroz gnječilicu za krumpir.

Zakuhajte mlijeko s maslacem, muškatnim oraščićem, soli i paprom.

Krumpir prelijte mlijekom i istucite štapićem. Ako je potrebno, zamijenite ono što nedostaje.

OKUS

Dodati 100g naribanog parmezana i umutiti žlicom. Rezultat je ukusan.

TORTILJA OD GRAHA S MORCILOM

Sirovina

8 jaja

400 g graha

150 g krvavica

1 režanj češnjaka

1 luk

Maslinovo ulje

Sol

OBRADA

Mahune kuhajte u kipućoj vodi s malo soli dok ne omekšaju. Procijedite i osvježite hladnom vodom i ledom.

Nasjeckajte luk i češnjak na sitno. Kuhajte na laganoj vatri 10 minuta zajedno sa crnim pudingom, pazeći da se ne razbije. Dodajte mahune i kuhajte još 2 minute.

Umutiti jaje i sol. Dodajte grah i zažutite ga na jako zagrijanoj tavi.

OKUS

Želite li napraviti još elegantnije jelo, mahunama skinite kožicu nakon što se ohlade. Imat će finiju teksturu.

Spržio ga je

Sirovina

8 jaja

100 g izdanaka češnjaka

8 kriški tosta

8 divljih šparoga

2 češnja češnjaka

Maslinovo ulje

Sol papar

OBRADA

Klice češnjaka i oguljene šparoge sitno narežite. Češnjak narežite na ploške i lagano popržite zajedno s klicama češnjaka i šparogama. Vremenski period.

Dodati razmućeno jaje neprestano miješajući dok se malo ne zgusne. Jaja se poslužuju na kriškama prepečenog kruha

OKUS

Jaja možete pripremiti i u zdjeli u termalnoj kupki, na srednjoj vatri, uz stalno miješanje. Imat će kremastu teksturu.

KRUMPIR NA PARI S ORASIMA

Sirovina

6 većih krumpira

500 g lisičarki

1 žličica slatke paprike

1 režanj češnjaka

1 luk

½ zelene paprike

½ crvene paprike

začinska paprika

Goveđi temeljac (dovoljno da pokrije)

OBRADA

Povrće narežite na sitne komade i pržite na laganoj vatri 30 minuta. Dodajte cachelada krumpir (rendan, ne izrezan) i pržite 5 minuta. Dodati čiste lisičarke, narezane na četvrtine, bez peteljki.

Pržiti 3 minute pa dodati slatku papriku i prstohvat ljute papričice. Prelijte juhom i posolite (treba biti malo mekana). Kuhajte na laganoj vatri i posolite.

OKUS

Izvadite malo kuhanog krumpira s malo temeljca, zgnječite ga i vratite u temeljac da se umak zgusne.

Omlet od dikobraza

Sirovina

8 jaja

400 g čistih vrganja

150 g škampa

3 češnja češnjaka

2 žlice maslinovog ulja

Sol papar

OBRADA

Češnjak sitno nasjeckajte i lagano popržite u tavi na srednje jakoj vatri.

Lepinju narežite na kockice, pojačajte vatru i dodajte u tavu s češnjakom. Kuhajte 3 minute. Dodajte oguljene i začinjene kozice i pržite još 1 minutu.

Umutiti jaja i posoliti. Dodajte svinjetinu i škampe. Dobro zagrijte tavu s 2 žlice ulja i pomiješajte obje strane tortilje.

OKUS

Kad se svi sastojci sjedine, dodajte malo vrućeg ulja od tartufa. radost

DIO JAJE

Sirovina

8 jaja

125 g parmezana

8 kriški serano šunke

8 kriški tosta

Bešamel umak (vidi temeljac i umaci)

Ocat

Sol papar

OBRADA

Jaja skuhajte u dosta kipuće slane vode i dosta octa. Ugasite vatru, pokrijte posudu i pričekajte 3-4 minute. Izvadite i osvježite vodom i ledom. Izvadite šupljikavom žlicom i stavite na kuhinjski papir.

Podijelite serrano šunku na 4 dijela. Na to stavite jaja, prelijte bešamelom i pospite naribanim parmezanom. Pecite na roštilju dok sir ne porumeni.

OKUS

Može se raditi s dimljenom slaninom, pa čak i sa sobrassadom.

CRKVA I OMLETA OD RAJČICA

Sirovina

8 jaja

2 rajčice

1 tikvica

1 luk

Maslinovo ulje

Sol

OBRADA

Luk narežite na tanke trakice i pržite na laganoj vatri 10 minuta.

Tikvice i rajčice narežite na ploške i popržite na jako zagrijanoj tavi. Tikvice i rajčice narežite na tanke trakice kada porumene. Dodajte luk i posolite.

Umutiti jaja i dodati povrću. Prilagodite sol. Dobro zagrijte tavu i tortilju na pola zarolajte u dodir s cijelom površinom tave pa je smotajte na sebe.

OKUS

Probajte s kockicama patlidžana i bešamel umakom sa strane.

COD AJOARRIERO

Sirovina

400 g zdrobljenog neslanog bakalara

2 žlice rehidrirane chorizopaprike

2 žlice umaka od rajčice

1 zelena paprika

1 crvena paprika

1 režanj češnjaka

1 luk

1 čili papričica

Maslinovo ulje

Sol

OBRADA

Julienne povrće i kuhajte na srednjoj vatri dok ne omekša. Za sol.

Dodajte žlicu choriza, papar, kečap i čili. Dodajte zdrobljeni bakalar i kuhajte 2 minute.

OKUS

Savršen nadjev za pripremu ukusne empanade.

KAKICA OD ŠERIJA NA PARI

Sirovina

Kuglice od 750 g

600 ml sherry vina

1 list lovora

1 režanj češnjaka

1 limun

2 žlice maslinovog ulja

Sol

OBRADA

Isperite potiljke.

U vruću tavu ulijte 2 žlice ulja i lagano popržite češnjak.

Dodajte dagnje, vino, lovorov list, limun i sol odjednom. Poklopite i kuhajte dok se ne otvore.

Dagnje poslužite s umakom.

OKUS

Ispiranje znači uranjanje školjki u hladnu vodu s puno soli kako bi se riješili pijeska i prljavštine.

SVE U PEBRE OD MONDO RIBE SA RAKOVIMA

Sirovina

Za riblju populaciju

15 glava i tijelo račića

1 glava ili 2 kosti, đavolji rep ili bijela riba

Umak od rajčice

1 mladi luk

1 poriluk

Sol

za gulaš

1 veliki đavolji rep (ili 2 mala)

tijelo račića

1 žlica slatke paprike

8 režnjeva češnjaka

4 velika krumpira

3 kriške kruha

1 kajenska paprika

neoguljeni bademi

Maslinovo ulje

Sol papar

OBRADA

Za riblju populaciju

Riblju juhu pripremamo tako da popržimo kozice i umak od rajčice. Dodajte grdobinu ili glavu i uz miješanje popržite povrće. Preliti vodom i kuhati 20 minuta, procijediti i posoliti.

za gulaš

U tavi popržite nerezani češnjak. Izvadite i naručite. Na istom ulju popržite bademe. Izvadite i naručite.

Na istom ulju popržiti kruh. Povlačenje.

U mužaru zgnječite češnjak, šaku cijelih neoguljenih badema, kriške kruha i kajenski papar.

Kad se češnjak zaprži, na ulju lagano popržite paprike, pazeći da ne zagore, pa ih dodajte u juhu.

Dodajte prženi krumpir i kuhajte dok ne omekša. Dodajte začinjenu grdobinu i kuhajte 3 minute. Dodajte pulpu i kozice i kuhajte još 2 minute dok se umak ne zgusne. Posolite i poslužite vruće.

OKUS

Koristite tek toliko dima da prekrije krumpir. Najčešća riba koja se koristi u ovom receptu je jegulja, ali može se raditi sa bilo kojim mesom, poput divljači ili divljači.

PEČENI ŠAVOVI

Sirovina

1 brancin očišćen, bez crijeva i kamenca

25 g krušnih mrvica

2 češnja češnjaka

1 čili papričica

Ocat

Maslinovo ulje

Sol

OBRADA

Posolite i pomastite kruh iznutra i izvana. Odozgo pospite krušnim mrvicama i pecite na 180 stupnjeva 25 minuta.

U međuvremenu na srednje jakoj vatri popržite narezani češnjak i čili. Skinite kap octa s vatre i ovim umakom premažite kruh.

OKUS

Dlijeto znači rezati po širini ribe kako bi se brže skuhala.

ŠKOLJKE MARINERA

Sirovina

1 kg dagnji

1 mala čaša bijelog vina

1 žlica brašna

2 češnja češnjaka

1 manja rajčica

1 luk

½ čili papričice

Boja za hranu ili šafran (po želji)

Maslinovo ulje

Sol

OBRADA

Potopite školjke u hladnu vodu s puno soli nekoliko sati kako biste uklonili sve zemljane ostatke.

Očišćene dagnje skuhajte u vinu i ¼ l vode. Nakon otvaranja izvadite i pohranite tekućinu.

Luk, češnjak i rajčice sitno narežite i popržite na malo ulja. Dodajte čili i kuhajte dok sve ne omekša.

Dodajte žlicu brašna i kuhajte još 2 minute. Operite ih vodom od kuhanja dagnji. Kuhajte 10 minuta pa posolite. Dodajte školjke i kuhajte još minutu. Sada dodajte prehrambenu boju ili šafran.

OKUS

Bijelo vino može se zamijeniti slatkim vinom. Umak je jako dobar.

NASTAVI S PILPILOM

Sirovina

4 ili 5 fileta neslanog bakalara

4 češnja češnjaka

1 čili papričica

½ litre maslinovog ulja

OBRADA

Na maslinovom ulju na laganoj vatri popržite češnjak i čili. Izvadite ih i ostavite da se ulje malo ohladi.

Dodajte file bakalara s kožom prema gore i pržite na laganoj vatri 1 minutu. Okrenite i ostavite stajati još 3 minute. Bitno je da se kuha u ulju, a ne da se prži.

Izvadite bakalar, postupno odlijevajte ulje dok ne ostane samo bijela tvar (želatina) koju je bakalar pustio.

Nakon skidanja s vatre miješajte s nekoliko štapića ili kružnim pokretima cjediljkom, postupno umiješajući uliveno ulje. Stavite pilpil zajedno 10 minuta bez prestanka miješanja.

Kad je gotovo, vratite bakalar i miješajte još jednu minutu.

OKUS

Za drugačiji štih u ulje u kojem se pržio bakalar dodajte kost pršuta ili malo aromatičnog bilja.

PIVSKI ŠIROKI SVEŽANJ

Sirovina

Čisti inćuni bez bodlji

1 limenka vrlo hladnog piva

Pšenica

Maslinovo ulje

Sol

OBRADA

Stavite pivo u zdjelu i dodajte brašno te neprestano miješajte pjenjačom dok ne dobijete gustoću koja jedva curi kad se inćuni namoče.

Pržite na dosta ulja i na kraju posolite.

OKUS

Može se koristiti bilo koje pivo. Nevjerojatno dobro ide uz crnu.

TINTA U TINTU

Sirovina

1 ½ kg lignji

1 čaša bijelog vina

3 žlice umaka od rajčice

4 vrećice crnila od lignje

2 luka

1 crvena paprika

1 zelena paprika

1 list lovora

Maslinovo ulje

Sol papar

OBRADA

Na laganoj vatri popržite nasjeckani luk i papriku. Kad su kuhane dodajte čiste i sitno nasjeckane lignje. Pojačajte toplinu i začinite.

Navlažite ga bijelim vinom i ostavite da postane mlako. Dodajte kečap, vrećicu crnila od lignji i lovorov list. Poklopite i kuhajte na laganoj vatri dok lignje ne omekšaju.

OKUS

Može se poslužiti uz dobru tjesteninu ili čak čips.

COD KLUB RANERO

Sirovina

Bakalar pil-pil

10 zrelih rajčica

4 chorizo paprike

2 zelene paprike

2 crvene paprike

2 luka

Šećer

Sol

OBRADA

Pecite rajčice i paprike dok ne omekšaju na 180 stupnjeva.

Kad su paprike pečene, poklopite ih 30 minuta, skinite im kožicu i narežite ih na trakice.

Rajčice ogulite i narežite na sitne komadiće. Poparite ih s lukom narezanim na sitne trakice i pastom od chorizopaprike (prethodno namočene u vrućoj vodi 30 minuta).

Dodajte pečenu papriku narezanu na trakice i kuhajte 5 minuta. Prilagodite sol i šećer.

Zagrijte pilulu s bakalarom i paprikom.

OKUS

Možete napraviti i čili s paprikom, ili ovo kao temeljac, bakalar na vrh, umak s čilijem. Može i s dobrim ratatouilleom.

SUNCE S NARANČOM

Sirovina

4 potplata

110 g maslaca

110 ml juhe

1 žlica nasjeckanog svježeg peršina

1 žličica paprike

2 velike naranče

1 manji limun

Pšenica

Sol papar

OBRADA

Otopite maslac u tavi. Pobrašnite i začinite taban. Pržite obje strane na maslacu. Dodati papriku, sok od naranče i limuna te dimljeno meso.

Kuhajte 2 minute na srednjoj vatri dok se umak malo ne zgusne. Ukrasite peršinom i odmah poslužite.

OKUS

Ako želite izvući više soka iz agruma, zagrijte ih u mikrovalnoj pećnici 10 sekundi na najvećoj snazi.

RIOJANA OSLIĆ

Sirovina

4 osvjetljenja

100 ml bijelog vina

2 rajčice

1 crvena paprika

1 zelena paprika

1 režanj češnjaka

1 luk

Šećer

Maslinovo ulje

Sol papar

OBRADA

Luk, papriku i češnjak sitno narežite. Sve pržite u tavi na srednjoj vatri 20 minuta. Pojačajte vatru, dodajte vino i smanjite dok se ne osuši.

Dodati naribanu rajčicu i kuhati dok ne izgubi sva voda. Dodajte sol, papar i šećer ako je kiselo.

Kotlete pecite na roštilju dok izvana ne porumene, a iznutra budu sočni. Dodajte povrće.

OKUS

Marinadu posolite 15 minuta prije kuhanja kako bi se sol ravnomjernije rasporedila.

UMAK S UMAKOM OD JAGODA

Sirovina

4 fileta neslanog bakalara

400 g smeđeg šećera

200 g jagoda

2 češnja češnjaka

1 naranča

Pšenica

Maslinovo ulje

OBRADA

Pomiješajte jagode sa sokom od naranče i šećerom. Kuhajte 10 minuta i miješajte.

Češnjak nasjeckajte i popržite na tavi na malo ulja. Izvadite i naručite. Na istom ulju popržite bakalar pobrašnjen brašnom.

Bakalar poslužite s umakom u posebnoj posudi i na vrh stavite češnjak.

OKUS

Džem od gorke naranče može se zamijeniti za jagode. Tada trebate koristiti samo 100 g smeđeg šećera.

MORSKI PISTRAN

Sirovina

4 pastrve

½ litre bijelog vina

¼ litre octa

1 mali luk

1 velika mrkva

2 češnja češnjaka

4 klinčića

2 lista lovora

1 grančica majčine dušice

Pšenica

¼ litre maslinovog ulja

Sol

OBRADA

Pastrve posolite i pobrašnite. Pržite obje strane na ulju 2 minute (treba biti sirovo iznutra). Izvadite i naručite.

Na istoj masnoći kuhajte prženo povrće 10 minuta.

Okupati se octom i vinom. Začinite s malo soli, začina i začina. Kuhajte na laganoj vatri još 10 minuta.

Dodajte pastrve, poklopite i kuhajte još 5 minuta. Maknite s vatre i ohlađeno poslužite.

OKUS

Ovaj recept najbolje je konzumirati preko noći. Ostalo ga čini još ukusnijim. Od ostataka napravite ukusnu salatu od kisele pastrve.

BILBAINE STYLE šivanje

Sirovina

1 2 kg brancina

½ litre bijelog vina

2 žlice octa

6 režnjeva češnjaka

1 čili papričica

2 dl maslinovog ulja

Sol

OBRADA

Kruh izrežite, posolite, dodajte malo ulja i pecite na 200°C 20-25 minuta. Kupajte se malo po malo s vinom.

Za to vrijeme na 2 dl ulja popržite narezani češnjak zajedno s čili papričicom. Navlažite ga octom i prelijte preko brancina.

OKUS

Rezbarenje znači zarezivanje ribe radi lakšeg kuhanja.

ŠKAMPI OD KOZICA

Sirovina

250 g škampa

3 češnja češnjaka, oguljena

1 limun

1 čili papričica

10 žlica maslinovog ulja

Sol

OBRADA

Oguljene kozice stavite u zdjelu, obilato posolite i dodajte limunov sok. Uklonite ga.

Na tavi popržite narezani češnjak i čili. Prije nego što promijene boju dodajte kozice i pržite ih 1 minutu.

OKUS

Za dodatni okus, začinite škampe solju i limunom 15 minuta prije prženja.

KONDENZATORI

Sirovina

100 g neslanog bakalara u komadima

100 g mladog luka

1 žlica svježeg peršina

1 boca hladnog piva

Pigmenti

Pšenica

Maslinovo ulje

Sol papar

OBRADA

U zdjelu stavite bakalar, sitno nasjeckani mladi luk i peršin, pivo, malo prehrambene boje, sol i papar.

Pomiješajte i dodajte žlicu po žlicu brašna, neprestano miješajući dok ne dobijete malo gustu (ne kaplje) smjesu nalik kaši. Neka se ohladi 20 minuta.

Pržiti na puno ulja, preliti žlicom tijesta. Kad porumene, izvadite ih i stavite na upijajući papir.

OKUS

Ako nema piva, može i sa sodom.

DOURADO COD

Sirovina

400 g neslanog i zdrobljenog bakalara

6 jaja

4 srednja krumpira

1 luk

Svježi peršin

Maslinovo ulje

Sol

OBRADA

Krumpir ogulite i narežite na trakice. Dobro ih operite dok ne iscuri voda, a zatim ih pržite na dosta vrućeg ulja. Posolite.

Popržite luk narezan na julienne trakice. Pojačajte vatru, dodajte izmrvljeni bakalar i kuhajte dok ne ugasi.

U posebnoj posudi umutite jaja, dodajte bakalar, krumpir i luk. Lagano smrznuto u tavi. Posolite i završite nasjeckanim svježim peršinom.

OKUS

Treba ga malo popržiti da bude sočan. Krompir se ne soli do kraja da ne izgubi hrskavost.

ASOCIJACIJA BASKIJSKIH RAKOVA

Sirovina

1 rak pauk

500 g rajčice

75 g Serrano šunke

50 g svježih krušnih mrvica (ili krušnih mrvica)

25 g maslaca

1½ čašice rakije

1 žlica peršina

1/8 luka

½ režnja češnjaka

Sol papar

OBRADA

Skuhajte pauka (1 minuta na 100 grama) u 2 litre vode sa 140 g soli. Ohladiti i izvaditi meso.

Popržite nasjeckani luk i češnjak zajedno sa šunkom narezanom na fine julienne trakice. Dodati naribanu rajčicu i nasjeckani peršin i kuhati dok se ne dobije suha kaša.

Dodajte meso pauka, podlijte rakijom i flambirajte. Dodajte polovicu komada vatre i napunite raka pauka.

Odozgo pospite ostatkom mrvica i rasporedite maslac narezan na komadiće. Pecite vrh u pećnici dok ne porumeni.

OKUS

Može se pripremiti i s dobrim iberskim chorizom pa čak i puniti dimljenim sirom.

U OCTU

Sirovina

12 inćuna

300 cl vinskog octa

1 režanj češnjaka

Sjeckani peršin

ekstra djevičansko maslinovo ulje

1 žličica soli

OBRADA

Očišćene inćune zajedno s octom razrijeđenim s vodom i soli stavite na ravni tanjur. Stavite u hladnjak na 5 sati.

U međuvremenu se na ulju izmiksaju sitno nasjeckani češnjak i peršin.

Inćune izvadite iz octa i premažite uljem i češnjakom. Vratiti u hladnjak na još 2 sata.

OKUS

Inćune nekoliko puta operite dok im ne iscuri voda.

TRAGOVI IGLE

Sirovina

¾ kg neslanog bakalara

1 dl mlijeka

2 češnja češnjaka

3 dl maslinovog ulja

Sol

OBRADA

Zagrijte ulje s češnjakom u maloj tavi na srednjoj vatri 5 minuta. Dodajte bakalar i kuhajte na vrlo laganoj vatri još 5 minuta.

Zagrijte mlijeko i stavite ga u čašu za smoothie. Dodajte bakalar bez kože i češnjak. Mutiti dok se ne dobije fino tijesto.

Ulje dodavati ne prekidajući mućenje dok ne dobijete jednolično tijesto. Posolite i zapecite u pećnici na najjačoj snazi.

OKUS

Može se jesti na tostu i začiniti s malo aiolija na vrhu.

PRAŠAK U ADOBO (BIENMESABE)

Sirovina

500 gr lovački pas

1 čaša octa

1 ravna žlica mljevenog kima

1 jednaka žlica slatke paprike

1 žlica origana

4 lista lovora

5 režnjeva češnjaka

Pšenica

Maslinovo ulje

Sol

OBRADA

Pretinac za pse koji ste prethodno narezali na kockice stavite u duboku posudu i očistite ga.

Dodajte dobru šaku soli i žličicu paprike, kumina i origana.

Zdrobite češnjak s ljuskom i dodajte ga u posudu. Listove lovora otkinuti i dodati i njih. Na kraju dodajte čašu octa i još jednu čašu vode. Pustite da odstoji preko noći.

Ploške se osuše, pobrašnje i poprže.

OKUS

Ako je kumin svježe samljeven, dodajte samo ¼ žlice. Može se raditi i s drugim ribama poput grdobine ili grdobine.

UKLJUČEN CITRUS I TUNA

Sirovina

800 g tune (ili svježe palamide)

70 ml octa

140 ml vina

1 mrkva

1 poriluk

1 režanj češnjaka

1 naranča

½ limuna

1 list lovora

70 ml ulja

Sol i papar

OBRADA

Mrkvu, poriluk i češnjak narežite na kolutiće i popržite na malo ulja. Kad povrće omekša, navlažite ga octom i vinom.

Dodajte lovorov list i papar. Posolite i kuhajte još 10 minuta. Dodajte koricu i sok agruma i tune izrezane na 4 dijela. Kuhajte još 2 minute i ostavite poklopljeno da odstoji od vatre.

OKUS

Slijedite iste korake kako biste napravili ukusnu marinadu za piletinu. Samo zapržite piletinu prije nego što je dodate u marinadu i kuhate još 15 minuta.

CRAB KIŠNA JAKNA

Sirovina

500 g škampa

100 g brašna

½ dl hladnog piva

Pigmenti

Maslinovo ulje

Sol

OBRADA

Ogulite škampe bez uklanjanja repa.

U posudi pomiješajte brašno, malo prehrambene boje i soli. Umiješajte malo po malo i bez prekidanja kuhanja.

Kozice uhvatiti za rep, provući kroz prethodno tijesto i pržiti na dosta ulja. Izvadite kad porumene i stavite na upijajući papir.

OKUS

U brašno možete dodati 1 žličicu curryja ili paprike.

DVOSTRUKA FLANŽA SA BOSILJKOM

Sirovina

125 g tune iz konzerve u ulju

½ litre mlijeka

4 jaja

1 kriška kriške kruha

1 žlica ribanog parmezana

4 lista svježeg bosiljka

Pšenica

Maslinovo ulje

Sol papar

OBRADA

Pomiješajte tunu s mlijekom, jajima, narezanim kruhom, parmezanom i bosiljkom. Sol i papar.

Tijesto izlijte u posebne, prethodno namašćene i pobrašnjene kalupe i pecite u pećnici zagrijanoj na 170 stupnjeva 30 minuta.

OKUS

Ovaj recept možete napraviti i s konzerviranim školjkama ili sardinama.

SOLE A LA MENIER

Sirovina

6 tabana

250 g maslaca

50 g soka od limuna

2 žlice sitno nasjeckanog peršina

Pšenica

Sol papar

OBRADA

List očišćen od glave i kože začinite i pobrašnite. Pržite obje strane na otopljenom maslacu na srednje jakoj vatri pazeći da brašno ne zagori.

Izvadite ribu i u tavu dodajte limunov sok i peršin. Kuhajte 3 minute bez prestanka miješanja. Ribu poslužite na tanjuru zajedno s umakom.

OKUS

Dodajte malo kapara da začinite recept.

LOSOS SMEĐA S CAVOM

Sirovina

2 fileta lososa

½ litre cave

100 ml vrhnja

1 mrkva

1 poriluk

Maslinovo ulje

Sol papar

OBRADA

Začinite i ispecite losos s obje strane. Rezerviraj.

Mrkvu i poriluk narežite na tanke dugačke štapiće. Pržite povrće 2 minute na istom ulju kao i losos. Navlažite cavom i smanjite na pola.

Dodajte vrhnje, kuhajte 5 minuta pa dodajte losos. Kuhajte još 3 minute pa začinite solju i paprom.

OKUS

Losos možete kuhati na pari 12 minuta i popratiti ga ovim umakom.

PIQUILTOS BRANCIN BILBAÍN STIL

Sirovina

4 brancina

1 žlica octa

4 češnja češnjaka

Piquillo paprike

125 ml maslinovog ulja

Sol papar

OBRADA

Brancinu izvadite kralježnicu. Začinite solju i paprom i pržite u tavi na jakoj vatri dok izvana ne porumene, a iznutra budu sočni. Izvadi i naruči.

Češnjak nasjeckati i popržiti na istom ulju kao i ribu. Navlažite ga octom.

Na istoj tavi popržite paprike.

Poslužite file brancina s umakom na vrh i dodajte papriku.

OKUS

Bilbao umak može se napraviti unaprijed; zatim samo podgrijte i poslužite.

DAGNJE U VINAIGRETU

Sirovina

1 kg dagnji

1 mala čaša bijelog vina

2 žlice octa

1 mala zelena paprika

1 veća rajčica

1 manji mladi luk

1 list lovora

6 žlica maslinovog ulja

Sol

OBRADA

Temeljito očistite ljuske novom krpom za ribanje.

Dagnje stavite u zdjelu s vinom i lovorovim listom. Poklopite i kuhajte na jakoj vatri dok se ne otvore. Zadržite i odbacite jednu školjku.

Napravite vinaigrette tako da nasjeckate rajčice, mladi luk i papriku. Začinite octom, uljem i soli. Promiješajte i prelijte preko školjki.

OKUS

Ostavite preko noći da poboljšate okus.

MARMITACO

Sirovina

300 g tune (ili palamide)

1 l ribljeg temeljca

1 žlica chorizo papra

3 velika krumpira

1 velika crvena paprika

1 velika zelena paprika

1 luk

Maslinovo ulje

Sol papar

OBRADA

Popržite luk i papriku nasjeckane na kockice. Dodajte žlicu chorizo paprike i oguljeni i narezani krumpir. Miješajte 5 minuta.

Natopite ga ribljim temeljcem i posolite i popaprite kad se počne kuhati. Kuhajte na laganoj vatri dok krumpir ne porumeni.

Ugasite vatru pa dodajte tunjevinu narezanu na kockice. Ostavite da odstoji 10 minuta prije posluživanja.

OKUS

Tunu možete zamijeniti lososom. Rezultat je iznenađujući.

SLANI MORSKI MJEHUR

Sirovina

1 brancin

600 g krupne soli

OBRADA

Ribu izvadimo iznutrice i očistimo. Na tanjur stavite posteljicu od soli, na nju stavite brancina i na to stavite ostatak soli.

Pecite na 220 stupnjeva dok sol ne očvrsne i ne pukne. To je oko 7 minuta za svakih 100 g ribe.

OKUS

Riba se ne smije kuhati u soli dok nema ljuske jer ljuske štite meso od jake vrućine. Sol možete začiniti začinskim biljem ili dodati snijeg od bjelanjaka.

POVRAT PARE

Sirovina

1 kg dagnji

1 dl bijelog vina

1 list lovora

OBRADA

Temeljito očistite ljuske novom krpom za ribanje.

U vruću tavu stavite školjke, vino i lovor. Poklopite i kuhajte na jakoj vatri dok se ne otvore. Neotvoreno baciti.

OKUS

To je vrlo popularno jelo u Belgiji, s dobrim pomfritom.

VJEROJATNO U GALICIJI

Sirovina

4 kriške osvjetljenja

600 g krumpira

1 žličica paprike

3 češnja češnjaka

1 srednji luk

1 list lovora

6 žlica djevičanskog maslinovog ulja

Sol papar

OBRADA

Zagrijte vodu u tavi; dodajte ploške krumpira, luk, sol i lovorov list. Kuhajte na laganoj vatri 15 minuta dok sve ne omekša.

Dodajte začinjeni mladi luk i kuhajte još 3 minute. Ocijedite krumpir i juhu te sve prebacite u glineni lonac.

U tavi popržite narezani ili nasjeckani češnjak; kad porumene skinite ih s vatre. Dodajte papriku, promiješajte i umakom prelijte ribu. Poslužite brzo uz malo vode od kuhanja.

OKUS

Važno je da količina vode bude dovoljna da pokrije riblje kriške i krumpir.

KOŠARKAŠKA IGRA OSLIĆ

Sirovina

1 kg opis

100 g kuhanog graška

100 g luka

100 g dagnji

100 g škampa

1 dl ribljeg soka

2 žlice peršina

2 češnja češnjaka

8 koplja šparoga

2 tvrdo kuhana jaja

Pšenica

Sol papar

OBRADA

Lungić narežite na ploške ili filete. Začinite i pobrašnite.

Na tavi pirjajte sitno nasjeckani luk i češnjak dok ne omekšaju. Pojačajte vatru, dodajte ribu i lagano zapržite s obje strane.

Navlažite pušnicom i kuhajte 4 minute neprestano miješajući lonac da se umak zgusne. Dodajte oguljene škampe, šparoge, očišćene dagnje, grašak i jaja narezana na četvrtine. Kuhajte još 1 minutu i pospite nasjeckanim peršinom.

OKUS

Marinadu posolite 20 minuta prije kuhanja kako bi se sol ravnomjernije rasporedila.

NOŽEVI S ČEŠNJAKOM I LIMUNOM

Sirovina

2 tuceta noževa

2 češnja češnjaka

2 grančice peršina

1 limun

ekstra djevičansko maslinovo ulje

Sol

OBRADA

Žiletove stavite u zdjelu s hladnom vodom i noć prije ih posolite kako biste ih očistili od ostataka pijeska.

Ocijedite, stavite u tavu, poklopite i zagrijavajte na srednjoj vatri dok se ne otvore.

U međuvremenu nasjeckajte češnjak i grančice peršina te pomiješajte s limunovim sokom i maslinovim uljem. Ovim umakom premažite žilete.

OKUS

Ukusni su s holandskim ili béarnaise umakom (stranice 532-517).

WAY WAY PUDING

Sirovina

500 g škarpine bez glave

125 ml kečapa

¼ l vrhnja

6 jaja

1 mrkva

1 poriluk

1 luk

Krušne mrvice

Maslinovo ulje

Sol papar

OBRADA

Škrpion kuhajte 8 minuta zajedno s čistim i sitno nasjeckanim povrćem. Za sol.

Meso škarpine zdrobite (bez kože i kostiju). Stavite u zdjelu s jajima, vrhnjem i umakom od rajčice. Pomiješajte i začinite solju i paprom.

Kalup namastiti i posuti prezlama. Napunite prethodnim tijestom i pecite u termičkoj kupki na 175 stupnjeva 50 minuta ili dok ražanj ne izađe čist. Poslužite hladno ili toplo.

OKUS

Škrpinu možete zamijeniti bilo kojom drugom ribom

RIBA SA GUSTOM KREMOM OD ČEŠNJAKA

Sirovina

4 mala vražja repa

50 g crnih maslina

400 ml vrhnja

12 češnjeva češnjaka

Sol papar

OBRADA

Skuhajte češnjak u hladnoj vodi. Kad počnu kuhati izvadite ih i zalijte vodom. Ponovite istu radnju 3 puta.

Zatim na laganoj vatri pržite češnjak u vrhnju 30 minuta.

Osušite masline u mikrovalnoj. Promiješajte ih kroz mužar dok ne dobijete maslinov prah.

Začinite i kuhajte vrag na jakoj vatri dok izvana ne postane sočan, a iznutra zlatnosmeđi.

Začinite umak. Poslužite grdobinu s jedne strane s umakom i prahom od maslina na vrhu.

OKUS

Okus ovog umaka je gladak i fin. Ako je jako tekući, kuhajte još nekoliko minuta. Ako je, naprotiv, jako gusto, dodajte malo toplog tekućeg vrhnja i izmiješajte.

SLUMB IN SOK OD JABUKOVACA S KOMPOTEM OD JABUKA I METVE

Sirovina

4 opis

1 boca jabukovače

4 žlice šećera

8 listića mente

4 jabuke

1 limun

Pšenica

Maslinovo ulje

Sol papar

OBRADA

Začinite začine i brašno i pržite na malo zagrijanog ulja. Izvaditi i staviti u tepsiju.

Jabuku ogulite, narežite na sitne komade i stavite u tepsiju. Zalijte jabukovačom i pecite 15 minuta na 165 ºC.

Izrežite jabuke i umak. Pomiješajte sa šećerom i listićima mente.

Uz kompot poslužite ribu.

OKUS

Još jedna verzija istog recepta. Pobrašnite i prepecite ciklu pa je stavite u lonac s jabukama i sokom od jabuke. Kuhajte na laganoj vatri 6 minuta. Maknite poklopac i ostavite da se umak reducira. Zatim pomiješajte mentu i šećer.

Marinirani losos

Sirovina

1 kg fileta lososa

500 g šećera

4 žlice nasjeckanog kopra

500 g krupne soli

Maslinovo ulje

OBRADA

U zdjeli pomiješajte sol sa šećerom i koprom. Polovicu staviti na dno pleha. Dodajte losos i prekrijte drugom polovicom smjese.

Stavite u hladnjak na 12 sati. Izvadite i isperite hladnom vodom. Natrgati i premazati uljem.

OKUS

Sol možete aromatizirati bilo kojim biljem ili začinima (đumbir, klinčić, curry itd.)

PISTAN PLAVI SIR

Sirovina

4 pastrve

75 g plavog sira

75 g maslaca

40 cl tekućeg vrhnja

1 mala čaša bijelog vina

Pšenica

Maslinovo ulje

Sol papar

OBRADA

U tavi zagrijte maslac s kap ulja. Pobrašnjene i posoljene pastrve pržite po 5 minuta s obje strane. Rezerviraj.

U preostalu masnoću od pečenja ulijte vino i sir. Kuhajte dok vino skoro ne nestane, a sir se potpuno otopi.

Dodajte vrhnje i kuhajte dok ne postignete željenu gustoću. Sol i papar. Pastrva s umakom.

OKUS

Napravite slatko-kiseli umak od plavog sira, a vrhnje zamijenite svježim sokom od naranče.

BAVČVA TATAKI ZAPRLJANA U SOJU

Sirovina

1 file tune (ili lososa)

1 čaša soje

1 čaša octa

2 pune žlice šećera

Kora 1 manje naranče

Češnjak

prženi sezam

Đumbir

OBRADA

Tunu dobro očistite i narežite na komade. U jako zagrijanoj tavi lagano zapecite sa svih strana i odmah ohladite u ledenoj vodi da prestanete kuhati.

U zdjeli pomiješajte soju, ocat, šećer, narančinu koricu, đumbir i češnjak. Dodajte ribu i ostavite da se marinira najmanje 3 sata.

Pospite susamom, narežite na male ploške i poslužite.

OKUS

Ovaj recept morate pripremiti unaprijed od smrznute ribe kako biste izbjegli anisakis.

PECI PITU

Sirovina

1 kg opis

1 litra vrhnja

1 veliki luk

1 rakijska čašica

8 jaja

Pečene rajčice

Maslinovo ulje

Sol papar

OBRADA

Luk narežite na julienne trakice i popržite na tavi. Kad omekša dodajte temeljac. Kuhajte dok ne bude gotovo i ne raspadne se.

Zatim pojačajte vatru i ulijte rakiju. Ostavite da se ohladi i dodajte malo rajčice.

Maknite s vatre i dodajte jaja i vrhnje. Sve nasjeckajte. Začinite po ukusu i oblikujte. Pecite u pećnici na 165 stupnjeva najmanje 1 sat. ili dok igla ne izađe čista.

OKUS

Poslužite s ružičastim ili tartar umakom. Može se raditi sa bilo kojom bijelom ribom bez kosti.

PRIJESTONICA LIJEPE PAPRIKE

Sirovina

250 g neslanog bakalara

100 g škampa

2 žlice pečenih rajčica

2 žlice maslaca

2 žlice brašna

1 konzerva piquillo paprike

2 češnja češnjaka

1 luk

Rakija

Maslinovo ulje

Sol papar

OBRADA

Bakalar prelijte vodom i kuhajte 5 minuta. Izvadite i sačuvajte vodu za kuhanje.

Popržite luk i nasjeckane režnjeve češnjaka. Ogulite škampe i dodajte ljuske u tavu s lukom. Dobro popržiti. Pojačajte vatru i dodajte malo rakije i pečene rajčice. Bakalar oprati vodom od kuhanja i kuhati 25 minuta. Promiješajte i filtrirajte.

Ispržite nasjeckane kozice i ostavite sa strane.

Na maslacu pirjajte brašno oko 5 minuta, dodajte procijeđeni temeljac i kuhajte još 10 minuta uz miješanje pjenjačom.

Dodajte zdrobljeni bakalar i kuhane kozice. Začinite solju i paprom i ostavite da se ohladi.

Paprike napunite prethodnim tijestom i poslužite.

OKUS

Savršen umak za ove paprike je biskajski (vidi Temeljci i umaci).

RADIO

Sirovina

1 kg cijelih lignji

150 g brašna

50 g brašna od slanutka

Maslinovo ulje

Sol

OBRADA

Lignje dobro očistite, skinite vanjsku koru i temeljito očistite unutrašnjost. Narežite ih na tanke trakice po dužini, a ne po širini. Za sol.

Pomiješajte brašno i brašno od slanutka pa tom smjesom pobrašnite lignje.

Dobro zagrijte ulje i malo po malo pržite kolutiće lignji dok ne porumene. Poslužite odmah.

OKUS

Lignje se posole 15 minuta prije toga i prže na jako zagrijanom ulju.

VOJNICI PAVIJE

Sirovina

500 g neslanog bakalara

1 žlica origana

1 žlica mljevenog kima

1 žlica prehrambene boje

1 žlica paprike

1 čaša octa

2 češnja češnjaka

1 list lovora

Pšenica

vruće ulje

Sol

OBRADA

U posudi pomiješajte origano, kumin, papriku, protisnuti češnjak, ocat i još jednu čašu vode, pa začinite s malo soli. Bakalar bez soli narezan na trakice stavite u marinadu 24 sata.

Pomiješajte prehrambenu boju i brašno. Trake bakalara pobrašnite, isperite i pržite na jako zagrijanom ulju.

OKUS

Poslužite odmah da iznutra bude sočno, a izvana hrskavo.

RACHELLA

Sirovina

125 g sirovih škampa

75 g brašna

50 g brašna od slanutka

5 niti šafrana (ili prehrambene boje)

¼ mladog luka

Svježi peršin

ekstra djevičansko maslinovo ulje

Sol

OBRADA

Šafran zamotajte u aluminijsku foliju i prepecite u pećnici nekoliko sekundi.

U zdjeli pomiješajte brašno, sol, šafran u prahu, nasjeckani mladi luk, nasjeckani peršin, 125 ml vrlo hladne vode i kozice.

Na dosta ulja pržiti žličnjake razvaljanog tijesta. Ostaviti dok dobro ne porumene.

OKUS

Miješajte tijesto žlicom dok ne dobije konzistenciju poput jogurta.

PASTRVA DO NAVARRE

Sirovina

4 pastrve

8 kriški serano šunke

Pšenica

Maslinovo ulje

Sol

OBRADA

Na svaku očišćenu i očišćenu pastrvu dodajte 2 kriške Serrano šunke. Začinite brašnom i solju.

Pržiti na dosta ulja i odstraniti višak masnoće na upijajući papir.

OKUS

Temperatura ulja treba biti umjereno visoka, da ne zagori samo izvana, a toplina ne dođe do središta ribe.

TATARA OD LOSOSA SA AVOKADOM

Sirovina

500 g lososa bez kože i kostiju

6 kapara

4 rajčice

3 kisela krastavca

2 avokada

1 mladi luk

Sok od 2 limuna

Tabasco

Maslinovo ulje

Sol

OBRADA

Ogulite rajčice i izvadite im jezgru. Ocijedite avokado. Sve sastojke što sitnije nasjeckajte i pomiješajte u zdjeli.

Začinite limunovim sokom, nekoliko kapi tabasca, maslinovim uljem i soli.

OKUS

Može se raditi s dimljenim lososom ili drugom sličnom ribom, poput pastrve.

GALISKE Jakobove kapice

Sirovina

8 školjki

125 g luka

125 g Serrano šunke

80 g krušnih mrvica

1 žlica svježeg peršina

½ žličice slatke paprike

1 tvrdo kuhano jaje, nasjeckano

OBRADA

Luk sitno narežite i pirjajte na laganoj vatri 10 minuta. Dodajte šunku i pržite još 2 minute. Dodajte papriku i kuhajte još 10 sekundi. Izvadite i ostavite da se ohladi.

Kad se ohladi, stavite u zdjelu i dodajte prezle, nasjeckani peršin i jaje. Stapa se zajedno.

Jakobove kapice napunite prethodnom smjesom, stavite na lim i pecite na 170 stupnjeva 15 minuta.

OKUS

Kako biste uštedjeli vrijeme, pripremite ih unaprijed i ispecite na dan kada vam zatrebaju. Može se raditi s jakobovim kapicama, pa čak i s kamenicama.

www.ingramcontent.com/pod-product-compliance
Lightning Source LLC
Chambersburg PA
CBHW071434080526
44587CB00014B/1845